Mark Crick

La soupe de Kafka

Une histoire complète
de la littérature mondiale
en 16 recettes

Sommaire

Agneau à la sauce à l'aneth *à la* Raymond Chandler 7

Œufs à l'estragon *à la* Jane Austen 10

Soupe miso express *à la* Franz Kafka 16

Gâteau au chocolat *à la* Irvine Welsh 20

Coq au vin *à la* Gabriel García Márquez 29

Risotto aux champignons *à la* John Steinbeck 38

Moules marinière *à la* Italo Calvino 42

Poussins désossés et farcis *à la* Marquis de Sade 50

Clafoutis grand-mère *à la* Virginia Woolf 63

Fenkata *à la* Homère 67

Tiramisu *à la* Marcel Proust 73

Poulet vietnamien *à la* Graham Greene 81

Sole à la dieppoise *à la* Jorge Luis Borges 85

Pain grillé au fromage *à la* Harold Pinter 94

Rösti *à la* Thomas Mann 101

Tarte à l'oignon *à la* Geoffrey Chaucer 109

MARK CRICK est un écrivain et artiste anglais né à Londres en 1962. Étudiant au lycée Condorcet, il y a découvert Alain-Fournier, Camus, Colette et Cocteau, ainsi que le goût de l'écriture. La soupe de Kafka est le seul ouvrage de Mark Crick connu jusqu'ici, la légende voulant que le critique Max Brod ait demandé sur son lit de mort que tous les carnets de Crick soient détruits. Ce pastiche salué par la critique a été traduit et publié dans dix-huit pays. En 1986, l'establishment littéraire espagnol a refusé de lui décerner le prestigieux prix Cervantès. Depuis, il a renoncé à l'écriture pour se consacrer à la photographie.

La soupe de Kafka a été adapté et joué au Théâtre de l'Atelier en 2007, mise en scène de Brice Cauvin, avec Isabelle Carré, Irène Jacob, Antonio Interlandi, Joakim Latzko, Jérôme Kircher, Denis Podalydès.

Titre original: Kafka's Soup, A Complete History of World Literature in 16 Recipes
Éditeur original: Libri Publications Ltd., Londres, 2005

VERSION FRANÇAISE

Direction artistique: Antoine du Payrat • Conception graphique et réalisation: Thomas Gravemaker

Mark Crick

La soupe de Kafka

Une histoire complète de la littérature mondiale en 16 recettes

TRADUIT DE L'ANGLAIS PAR

Patrick Raynal, Geneviève Brisac,

Eliette Abécassis, Alain Defossé,

Claude Durand, Frédéric Jacques Temple,

Patricia Reznikov, Gérard de Cortanze,

Patrice de Méritens, Anne Freyer-Mauthner,

Isabelle D. Philippe, Alain Malraux,

François Rivière, Jean Pavans et André Crépin

J'AI LU

Agneau à la sauce à l'aneth

à la Raymond Chandler

1 kg de gigot d'agneau bien maigre
coupé en gros morceaux
1 oignon émincé • 1 carotte coupée en bâtonnets
1 cuillerée à soupe de graines d'aneth, ou 3-4 brins
d'aneth frais • 1 feuille de laurier
12 grains de poivre • ½ cuillerée à café de sel
850 ml de bouillon de volaille
50 g de beurre • 1 cuillerée à soupe de farine
1 jaune d'œuf • 3 cuillerées à soupe de crème fraîche
2 cuillerées à café de jus de citron
poivre noir fraîchement moulu

J'ai éclusé un peu de mon whisky sour, j'ai écrasé ma cigarette sur la planche à découper et j'ai regardé une punaise s'escrimer à ramper hors de l'évier.

Ce qu'il m'aurait fallu, c'était une table chez Maxim's, une centaine de dollars et une blonde explosive, mais je me retrouvais devant un gigot d'agneau sans mode d'emploi. J'ai empoigné l'articulation. Elle était aussi froide et moite que la poignée de main d'un médecin légiste. J'ai pris un couteau et j'ai débité l'agneau en morceaux. Comme j'avais la lame bien en main, j'en ai profité pour émincer un oignon et, avant de me rendre compte de ce que je faisais, une carotte gisait en morceaux sur le marbre. Aucun n'avait moufté. J'ai balancé le tout dans une casserole avec une poignée de brins d'aneth, une feuille de laurier, quelques grains de poivre et une pincée de sel. Tant pis pour eux, je me suis dit, ils l'ont bien cherché, et j'ai couvert le tas de bouillon de volaille avant de monter le feu. Je voulais que ça mijote lentement, aussi lentement qu'il est possible de faire mijoter quelque chose. Une heure et demie et une demi-pinte de bourbon plus tard ils n'étaient plus si coriaces que ça ; moi non plus, d'ailleurs. J'ai séparé la viande des légumes et je l'ai couverte pour la maintenir moite. Je tenais toujours mon couteau sans que la moindre sirène ait retenti.

Dans cette ville, le fond finit toujours par remonter à la surface, j'ai donc filtré le jus pour en éliminer le gras. J'ai rajouté de l'eau et je l'ai remis sur le feu. Il était temps de faire un sort au beurre et à la farine. Je les ai mélangés jusqu'à en faire une pâte que j'ai ajoutée au bouillon. À défaut de fouet, j'ai pris mon nerf de bœuf pour tabasser les grumeaux jusqu'à ce que la pâte soit bien lisse. Comme ça commençait à bouillir, j'ai laissé frémir pendant deux minutes.

J'ai un peu bousculé le jaune d'œuf et la crème pour en faire une mixture que j'ai mélangée à une louchée de sauce bien chaude avant de balancer le toutim dans la casserole. J'ai pressé un citron qui s'est aussitôt mis à couler. C'était facile. Beaucoup trop facile, mais je savais que si je laissais bouillir la sauce j'allais me brouiller avec le jaune d'œuf.

Maintenant j'étais prêt à verser la sauce sur la viande, mais je n'avais plus faim. La blonde m'avait posé un lapin. Elle était plus mariolle que je ne le croyais. Je suis sorti me refaire une santé avec mes poisons favoris, cigarettes et whisky.

Traduit par Patrick Raynal

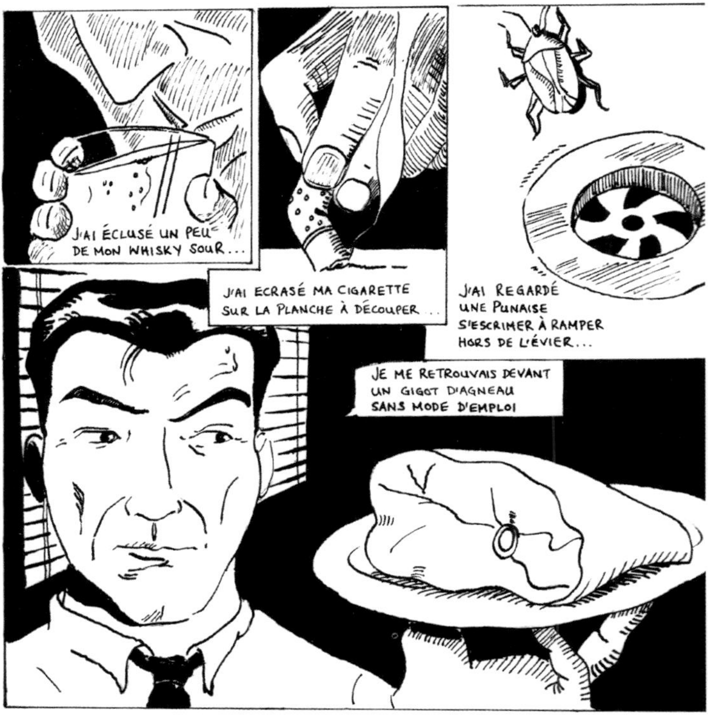
J'AI ÉCLUSÉ UN PEU DE MON WHISKY SOUR...
J'AI ECRASÉ MA CIGARETTE SUR LA PLANCHE À DÉCOUPER...
J'AI REGARDÉ UNE PUNAISE S'ESCRIMER À RAMPER HORS DE L'ÉVIER...
JE ME RETROUVAIS DEVANT UN GIGOT D'AGNEAU SANS MODE D'EMPLOI

Œufs à l'estragon

à la Jane Austen

40 g de beurre • 4 œufs
poivre du moulin • une pincée de sel
3 cuillerées à soupe d'estragon frais ou déshydraté

Il est généralement admis par la meilleure société que les œufs que l'on conserve trop longtemps au garde-manger se gâtent. Les œufs d'Oakley Farm étaient à peine rangés dans la cuisine de Somercote que déjà Mrs B – pensait au repas qui pourrait les faire connaître à son voisinage et, espérait-elle, les faire apprécier à leur juste valeur. Il faut dire que ses œufs avaient été dotés par la nature d'un tour admirablement régulier, et elle comptait qu'une demi-douzaine d'entre eux donneraient lieu à de beaux mariages au cours de la semaine. L'arrivée d'un voisin nouveau venu dans la paroisse était une occasion parfaite, et Mrs B – s'empressa d'envoyer ses invitations à déjeuner.

Elle avait passé de longues heures à discuter des avantages de tel ou tel menu avec sa voisine, Lady Cumberland. Les deux dames accordaient une immense importance à des décisions telles que le choix de la boisson : thé ou café, ou des toasts : pain blanc ou pain complet, des sujets sur lesquels Lady Cumberland avait une manière si tranchée de s'exprimer que Mrs B – n'osait guère la contredire. Lady Cumberland n'était pas favorable à la nouvelle cuisine, à laquelle elle reprochait premièrement

L'Union parfaite
de Mlle Oeuf et de Monsieur Estragon

d'accorder à des ingrédients d'origine suspecte une place et une importance indues, et deuxièmement de conférer aux cuisiniers d'aujourd'hui une célébrité et des honneurs auxquels leurs pères et leurs grands-pères n'eussent jamais songé. Pour respecter les convenances, Mrs B – accepta de faire un plat dans le genre traditionnel.

Mais à l'approche du grand jour, elle devint terriblement nerveuse. L'événement qu'elle avait prévu si longtemps à l'avance avait cessé d'être une source de plaisir. Au contraire, elle trouvait inélégant de la part de ses voisines de lui laisser plus souvent qu'à son tour le fardeau de l'organisation de leurs petites fêtes, et n'était-il pas étrange que Mrs Eliot ne lui eût pas rendu la politesse du dîner auquel elle l'avait conviée quinze jours plus tôt ?

Telles étaient les sombres pensées auxquelles se livrait Mrs B – tout en déambulant dans son jardin à la recherche d'une inspiration, quand le bruit d'une calèche lui parvint à travers la pelouse : c'était Lady Cumberland suggérant qu'on fît une petite répétition. Et c'est ainsi que les deux voisines se retrouvèrent dans la cuisine de Somercote, à la recherche d'un compagnon idéal pour les œufs. Tandis que Lady Cumberland buvait son thé, Mrs B – se plongea dans son placard pour y trouver le compagnon en question.

« Le persil pourrait convenir », dit-elle. C'était un habitué de la maison, et la possibilité que ce fût un bon accommodement pour ses œufs amenait Mrs B – à la plus grande bienveillance à son égard. « Le persil présente bien, c'est une herbe simple et sans affectation. »

La réaction de Lady Cumberland fut sans équivoque : « Beaucoup trop frisé, et puis on en voit trop souvent de gros bouquets chez le poissonnier. Ce serait une alliance catastrophique et du plus mauvais goût. »

Mrs B – n'avait pas l'habitude d'être en désaccord avec les opinions mieux informées que les siennes de Lady Cumberland et, maintenant que son opinion sur la valeur intrinsèque du persil avait été rejetée, elle se tourna vers des visiteurs plus rares, comme l'estragon. Elle avait toujours considéré l'estragon comme une herbe difficile et capricieuse.

« Il ne pousse pas ici, refuse de pousser plus loin, a cette affreusement haute opinion de lui-même. En outre, il disparaît chaque hiver on ne sait où. J'exècre cette herbe.

— L'estragon français est une herbe aristocratique, et même si je la trouve fondamentalement trop bien pour vos œufs, je ne peux nier que cela ferait un beau mariage », dit Lady Cumberland.

Mrs B – accueillit sans broncher ce commentaire et l'offense faite à ses œufs ne lui parut pas devoir être relevée. Une recommandation venue de si haut ne pouvait être négligée et le mépris de Mrs B – pour l'auguste estragon fut instantanément oublié. La possibilité que ses œufs pussent se retrouver dans le même plat que la noble herbe plongea alors notre héroïne dans une telle excitation que Lady Cumberland se fût levée pour partir, n'eût été la perspective du déjeuner...

Mais au lieu de cela, elle se contenta d'inciter son hôtesse à s'y mettre. « Je vous invite à commencer ! »

Mrs B – dut séparer les blancs d'œufs des jaunes pour les battre en neige. Puis, sur le conseil de Lady Cumberland, elle les passa au chinois pour enlever les germes, mixa les blancs et les jaunes en évitant cette écume si disgracieuse qui s'ensuit parfois.
Cette mission à peine achevée, elle ajouta l'estragon qui bénéficiait désormais de ses bonnes grâces.
Elle pouvait à peine contenir l'exaltation provoquée par le tableau exquis constitué des œufs et de l'estragon, et rêvait du moment délicieux où elle les verrait réunis sur un toast.

Prélevant la moitié du beurre, Mrs B – l'étala dans la poêle, et lui accorda le titre d'ingrédient le plus docile. Le beurre restant fut incorporé à la mixture par petits morceaux avec du sel et du poivre, puis elle mit le tout à cuire, à feu moyen, en remuant constamment pour l'empêcher d'attacher.
Quand le mélange eut épaissi, elle retira la poêle du feu et continua à remuer ; la chaleur de la poêle était encore assez forte pour achever la cuisson sans que les œufs devinssent trop secs.

Cette alliance délicieuse, Mrs B – la servit avec du pain grillé, et d'une manière si élégante et si méritoire que, quand Lady Cumberland fut obligée de déclarer le plat réussi, le bonheur de ses invités fut assuré. Et ce fut effectivement le cas, si l'on excepte Mrs Eliot, qui, quand elle en commenta les détails à son mari, fit des remarques désobligeantes sur l'absence de raffinement avec laquelle on avait dressé la table et sur l'infériorité évidente du plat proposé, comparé à sa propre recette d'œufs bénédict. Cependant, et malgré toutes ces réserves, les espoirs, les sensibilités et l'appétit de la petite bande d'amis sincères rassemblés pour ce déjeuner furent assouvis à merveille par cette union parfaitement réussie.

Traduit par Geneviève Brisac

Soupe miso express

à la Franz Kafka

3 cuillerées à café de miso fermenté • 150 g de tofu mou
4–5 champignons de Paris
quelques feuilles de wakame séché

K. se fit la réflexion que si un homme n'est pas toujours sur ses gardes, ce genre de choses pouvait arriver. Ouvrant le réfrigérateur, il le trouva complètement vide, à part quelques champignons, qu'il commença à couper en morceaux. Ses invités étaient assis à la table, en train de l'attendre, et il n'avait presque rien à leur offrir. Mais étaient-ils vraiment invités ou étaient-ils arrivés là sans être conviés ? Il n'en avait pas la moindre idée. Dans le premier cas, il aurait dû prendre une cuisinière pour la soirée, ce qui lui aurait permis de faire montre d'une certaine autorité à table ; au lieu de quoi, il lui semblait que, pour le moment, ses visiteurs le regardaient comme un subordonné dont l'inefficacité ne faisait que retarder l'heure de dîner. Mais dans le second cas, en n'arrivant qu'à présent, d'une manière impromptue à cette heure indue, ils ne devaient tout de même pas s'attendre à trouver à dîner. Le sifflement de la bouilloire ramena son attention à la nourriture, ce qui lui fit remarquer un bocal de miso fermenté et un bloc de tofu mou, laissés peut-être par sa propriétaire.

Il versa trois cuillerées à café de miso dans la casserole, avec un litre d'eau chaude, tout en dissimulant le processus à l'assemblée.

Soup

Il se reprocha de penser aux nouveaux arrivants comme à une assemblée. Comme ils n'avaient pas défini le but de leur visite ni la raison pour laquelle ils faisaient appel à lui, il ignorait tout de leurs positions respectives. Leur façon d'être suggérait peut-être qu'ils étaient des officiers de haut rang mais il était aussi possible qu'il fût leur supérieur, et qu'ils fussent passés le voir pour faire bonne impression.

Non sans honte, K. s'aperçut qu'il n'avait rien offert à boire à ses invités. Cependant, lorsqu'il releva la tête, il vit qu'une bouteille déjà ouverte était posée sur la table, et que ses juges étaient en train de boire son vin. Qu'ils se fussent servis sans sa permission lui sembla abominable, mais il se douta que leur impertinence à son égard n'était pas fortuite. K. décida de leur faire une remarque au sujet de leur impolitesse. « Comment est le vin ? » lança-t-il. Sa ruse lui fut retournée. « Il serait plus appréciable s'il y avait quelque chose à manger, dirent-ils en chœur. Mais comme vous ne nous avez pas fait l'honneur de vous habiller pour le dîner, nous n'avons pas grand espoir de ce côté-là. » Le malaise de K. fut grand lorsqu'il s'aperçut qu'il était en fait en caleçon et en bras de chemise.

Lorsque la soupe commença à entrer en ébullition, K. coupa le tofu en petits dés d'un centimètre, qu'il jeta dans la casserole fumante avec les champignons et le wakame. En regardant par la sombre fenêtre, il remarqua qu'une voisine était en train d'observer ce qui se passait. L'expression sévère de la jeune personne ne déplut pas à K., mais la pensée qu'elle devait tirer quelque plaisir de la situation le mit en fureur, si bien qu'il donna un coup de poing sur le plan de travail. Il se dit qu'elle pouvait être rattachée à la commission rogatoire, ou qu'elle pourrait avoir une influence sur son procès, et il jeta un regard de supplication dans sa direction, mais elle était déjà partie et il se dit qu'il avait probablement gâché les avantages que la situation aurait pu lui offrir. En deux minutes, la soupe fut prête. K. la versa dans des bols et la servit à ses visiteurs. Quelqu'un avait enlevé l'une des quatre chaises autour de la table, et avec un certain malaise K. vit que l'assemblée ne faisait aucun effort pour lui faire de la place. Il ajouta un filet de sauce de soja dans chacun des bols, alors que le plus âgé de ses trois juges s'adressait aux autres comme si K. n'était pas présent. « Il faut qu'il se débarrasse de ses illusions ; il est possible qu'il s'imagine que nous sommes ses subordonnés et que nous sommes venus chercher son approbation. »

Le sentiment de K. d'être un étranger à son propre dîner ne lui était pas inconnu. Il était désolé de ne pas avoir revêtu son costume gris : sa coupe élégante avait fait sensation parmi ses amis et il était de la plus haute importance de faire bonne impression dans ce genre de situation. Il était essentiel pour un homme dans sa position de ne pas paraître surpris par les événements. Alors que les membres de la commission rogatoire se partageaient le contenu du bol de K., celui-ci se tint immobile, tentant de rassembler ses idées, car il savait qu'on risquait d'exiger beaucoup de lui, et il se pourrait bien que la soupe influençât encore l'issue de son procès.

Traduit par Eliette Abécassis

Gâteau au chocolat

à la Irvine Welsh

250 g de beurre • 500 g de sucre
40 g de cacao en poudre
25 cl de café • 150 g de chocolat au lait • 2 œufs
275 g de farine à gâteaux • 37,5 cl de porto

Pour le glaçage :
200 g de chocolat noir • 100 g de sucre en poudre
100 g de crème fraîche épaisse
10 cl de Kahlua (selon goût)

Je rentre au trou de chiottes que j'appelle mon chez-moi, avec tout ce qu'il me faut, et je peux plus arquer. L'impression que ma tête va exploser, en arrosant tout le monde de bouts de cervelle et de bouts de crâne, et que mes tibias vont péter à chaque marche que je monte. J'espère qu'il y a pas eu un con pour me voir rentrer comme ça. Aucune envie de partager le butin avec mes supposés potes.

Je colle un gros morceau de beurre dans la poêle et j'allume en dessous. Pendant que ça fond, j'ajoute le sucre et je regarde les petits grains blancs se dissoudre dans le liquide doré, tranquillement : c'est de la bonne came. Les mains tremblantes, je saupoudre le cacao par-dessus, et puis j'ajoute la plaquette de chocolat qui me fait le plaisir de fondre aussitôt sans faire d'histoire. Ça, ça va être un gâteau géant.

Le mélange commence à bouillonner et crachoter,

D'après Hogarth

Un Gâteau Géant

tirer, mais son pif doit encore avoir deux trois neurones en état de marche, parce qu'il se met à flairer l'air comme un clébard.

« Tu fais une grande bouffe, Stevie. Je le sens bien. »

Il file droit à la cuisine et, le temps que j'arrive à la porte, il a déjà ouvert une boîte de binouze et se tient penché au-dessus de la poêle, inspirant à pleins poumons. Et maintenant, je fais quoi ?

Il y en a un max dans la poêle maintenant, donc je beurre deux moules à gâteau et je verse le truc. Miam. J'ai moitié envie de le manger comme ça, mais j'ai vraiment pas besoin là d'un mauvais trip au chocolat. Je mets les moules au four, 200 degrés. Je fais tout cuire à la même température ; je ne supporte pas ces bobos avec leurs conneries à chaleur tournante et leurs thermostats. Quand ça cuit, ça cuit, point barre.

« Ça va mettre longtemps, Stevie ? »

Spanner craque, lui aussi.

« À peu près une heure.

— On peut pas faire plus vite ?

— Ça cuit comme ça cuit, et ce n'est pas en me tournant autour que tu vas m'aider. »

Spanner dans une cuisine, c'est à peu près aussi

rapide crapahutage sous le divan s'avère payant : j'en rapporte un *mug* encore à moitié plein, et de toute façon je ne vais pas me retaper ce putain d'escalier. Hop, j'ajoute. Mon mal au crâne commence à se résorber, et entre la bonne odeur de cuisine et la vision apaisante de la flamme bleue du gaz, je me sens déjà mieux.

J'ôte la poêle du feu le temps de casser deux œufs dans un bol. J'arrive à focaliser assez longtemps pour réussir à lire la date de pourriture ; cette bande d'enfoirés voudrait que je les jette pour en acheter d'autres. La poule qui les a pondus est peut-être déjà dans les frigos de chez Scotmid, mais moi je sais que ça se garde des mois. Pas la peine de battre les œufs : le train de 14 h 22 de Kings Cross passe justement devant la fenêtre et secoue tout le merdier, moi compris. Je dose la farine, un joli tas de poudre blanche qui me donne moitié envie d'y fourrer le nez. J'ajoute les œufs et la farine au mélange, et puis une goutte de porto. Une petite goutte pour moi aussi ; ce n'est pas si mauvais, et j'en rajoute dans la poêle. La bouteille est bientôt vide. J'en ai bu la moitié, et l'autre moitié est partie

afin de l'entendre en confession, mais le prisonnier avait dit n'être pas prêt. Santiago devait prendre son ultime souper le lendemain soir et, comme le condamné refusait toute nourriture apportée par sa femme, le prêtre avait pris sur lui de s'en occuper. Il pulvérisa de l'insecticide dans la pièce et se mit à tousser.

Il jeta à la dérobée un regard coupable à Tobaga, l'altière mulâtresse qui chaque soir depuis une quinzaine d'années lui préparait son dîner. La reluquer dans la cuisine était un plaisir qu'il s'était refusé au plus fort de ses années d'activité vénérienne, mais cet appétit-là n'était plus désormais qu'un feu faiblard dont les braises à peine tièdes eussent été étouffées à la moindre tentative pour leur redonner de l'aliment. Comme elle se lavait les mains, il fut pris de l'envie d'uriner et quitta la pièce. Son jet naguère puissant, qui résonnait dans le vase de nuit avec un bruit d'étalon au galop, se réduisait à un mince filet dont le fort relent ammoniaqué rivalisait avec les émanations dérivant à la tombée du jour des marais et qui l'emplissait de la morosité de la décrépitude.

Quand il s'en revint à la cuisine, Tobaga était en train de préparer la marinade où devait baigner le coquelet – le plus coriace des volatiles – pendant deux jours de suite. « C'est pour Fidel. La domestique du Syrien a rappliqué aujourd'hui avec ce coq. » Le prêtre s'assit et se prit à réfléchir à la tâche qui l'attendait à la prison, mais il tressaillit et se détourna de ses pensées au bruit que faisait Tobaga en hachant l'animal en morceaux.

Chaque fois qu'elle abattait le tranchet, l'ondulation de sa robe rendait plus visibles les contours de son corps. Elle jeta la tête dans un seau et le père Antonio sentit une vive piqûre sur sa nuque avant d'abattre sa main et de tuer l'ultime survivant de l'assaut précédent.

Tobaga émința deux oignons et les ajouta au coquelet dans son récipient. Elle recouvrit les morceaux avec du vin et, lorsqu'ils barbotèrent dans le liquide rouge sang, elle y ajouta des baies de genièvre, de la coriandre, de la moutarde et du poivre en grains, des clous de girofle et, pour terminer, le thym et le romarin. Puis elle remisa le plat à mariner dans le cellier revêtu de plaques de marbre, seul lieu de la maison où il faisait frais, l'un de ceux où le père Antonio avait coutume de se réfugier par les après-midi calamiteusement caniculaires.

« Quand cela sera-t-il prêt ? demanda-t-il.

— Il faut laisser la marinade faire son office pendant quarante-huit heures, répondit Tobaga.

— On ne peut pas raccourcir ? »

Elle le regarda de ses yeux pareils à deux amandes dorées.

« Pour un volatile comme celui-ci ? »

Il sut que cela ne se pouvait pas. Le coquelet était un présent du Syrien. Connu comme El Jaguarcito, le Petit Jaguar, ç'avait été le plus victorieux de tous les coqs de combat. Il avait rapporté au Syrien une petite fortune et son sacrifice témoignait combien il se sentait redevable vis-à-vis du condamné. Le prêtre fermait les yeux sur les paris et les carnages liés aux combats de coqs, mais il en savait suffisamment long sur la réputation d'El Jaguarcito pour comprendre.

« Demain matin je parlerai au maire. »

Comme toujours, le père Antonio se leva à cinq heures et s'habilla dans le noir. Dehors, l'aube se faisait violence pour se lever à son tour lorsqu'il parcourut la courte distance qui le séparait de l'église. La nuée carnivore fondit à nouveau sur lui et il releva la capuche de sa soutane jusqu'à ce qu'il se retrouvât à l'abri dans la nef. Au fur et à mesure que les fidèles arrivaient, chacun coltinait sa détresse qui, amalgamée à celle des autres, emplissait l'église d'une écrasante impression de désolation. L'insomniaque était déjà là ; le bruit courait qu'il n'avait jamais fermé l'œil depuis soixante-quinze ans, excepté pendant la messe. La seconde à faire irruption était une femme qui avait récemment perdu son second fils : comme le premier, il avait été mordu par un chien enragé, mais, avant que le mal eût atteint le paroxysme de la violence, elle l'avait empoisonné. La dernière à apparaître fut l'épouse du condamné. Le curé parla sans conviction et la messe ne traîna pas en longueur. Sitôt que possible, ayant marqué un temps d'arrêt pour retirer un cafard du bénitier, il fonça en direction de la maison du maire.

Comme une marionnette dont les ficelles sont sur le point de se rompre à tout moment, la bourgade vibrionnait. Une paire d'aras noirs voletait au-dessus des têtes et le prêtre pressa l'allure. Un garçonnet émergea d'un abri précaire au bord de la rivière et se mit à hurler à la lune ; il rigola de sa bonne blague et le curé frissonna. Plus loin il dépassa une famille qui lui parut pousser tous ses biens sur une charrette. Une petite fille ouvrait la marche d'un air solennel en portant un pot de pivoines noires, et à la traîne du reste de la famille un garçon tenait une cage contenant une blanche colombe.

Le maire, à demi vêtu, était assis avec ses bretelles passées sur ses épaules nues. Son épouse s'abstint de saluer le prêtre, mais servit en silence le café aux deux hommes tout en les lorgnant de ses yeux cernés de noir.

« Dieu merci, dit le maire, on a encore deux heures avant de se remettre à transpirer.

— J'ai besoin d'un sursis à exécution, fit le curé sans lever les yeux de son café.

— Impossible. Le peloton est déjà en route. Il sera là dès demain.

— Il a réclamé du coq au vin et ça demande deux jours de préparation.

— C'est donc vrai que le Syrien a sacrifié El Jaguarcito ?

— El Jaguarcito est dans ma cuisine, niché au fond d'une marmite. »

Le maire se signa.

« On ne peut pas le faire cuire aujourd'hui ?

— Tobaga dit que ce serait faire injure au Très-Haut. On ne peut pas servir à Fidel Agosto Santiago un ultime souper à moitié cuit. »

Le maire n'avait nulle envie de décevoir le père Antonio, non plus que le condamné qui avait été jadis le maître queux le plus renommé de toute la région. Il sirota son café puis sortit sur le balcon.

« Si j'accède à cette demande, ce sera en l'honneur du Petit Jaguar, pas par sympathie pour Fidel Santiago. »

Le père Antonio sut qu'il avait obtenu gain de cause.

« Vous verra-t-on à la messe ce dimanche ? demanda le prêtre en repartant.

— Dites une prière pour moi, mon père. »

Un troupiale babillait comme le curé se dirigeait vers la prison. Fidel Santiago y jouait aux cartes avec ses gardiens. Un des soldats avait déjà perdu son cheval au bénéfice du détenu. L'intérieur de la prison était plein de fumée de tabac et le prêtre fut pris de quintes de toux. Quand le père Antonio eut annoncé la nouvelle au condamné, celui-ci laissa échapper un profond soupir.

« Dites-lui de ne pas oublier la sauge, mon père ; juste quelques feuilles. »

L'homme s'en revint au jeu tandis que le curé ressortait dans la chaleur montante.

La veille de l'exécution, le père Antonio s'installa à la table de la cuisine et y étala les livres de comptes de la paroisse. Tobaga se signa, sortit les morceaux du Petit Jaguar de la marinade et les mit à s'égoutter. Dans un faitout elle versa l'huile d'olive, la fit chauffer et y ajouta les petits oignons entiers. Elle découpa le lard fumé en fines tranches qu'elle fit tomber à leur tour dans le faitout. À gestes lents et précautionneux, dans cette toute dernière arène elle disposa les morceaux du Petit Jaguar. Les différentes parties du corps grésillèrent furieusement au contact de l'huile brûlante. Quand elles furent devenues dorées, Tobaga recouvrit le carnage avec la marinade rouge sang et El Jaguarcito se trouva pour toujours réduit au silence. Elle sectionna les carottes en fines tranches, ses seins tressautant légèrement chaque fois que la lame frappait la planche à découper. Elle laissa les gousses d'ail dans leur peau, leur étui de papier friable pareil aux chrysalides assoupies de papillons qui ne verraient jamais le jour. Elle les laissa tomber dans la préparation avant d'y ajouter le céleri, les poireaux, puis d'assaisonner. Elle posa un couvercle sur le faitout ; inquisitrices, les flammes se mirent à en palper le fond sitôt qu'elle l'eut laissé à feu doux pour à peu près une heure. Sans avoir touché à ses livres de comptes, le père Antonio ferma les yeux et glissa dans un petit somme cependant que Tobaga montait la garde, veillant à ne jamais laisser le faitout à sec, y ajoutant en permanence une coulée de marinade.

Quand il fut temps, Tobaga sortit les morceaux d'El Jaguarcito de la sauce. Sur ces entrefaites, le père Antonio se réveilla en sursaut.

« Rendormez-vous. Je vous réveillerai quand ce sera prêt, lui dit Tobaga.

— J'ai rêvé que le plat était empoisonné et que le peloton d'exécution, refusant d'être frustré, m'avait pris à la place.

— Il se peut encore qu'il vienne pour vous. »

Tobaga passa la sauce dans un chinois, puis, après y avoir trempé un doigt et l'avoir sucé, elle y ajouta un peu plus de sel et la maintint au chaud. Quand elle estima atteinte la consistance voulue, elle replaça les morceaux du coquelet dans la préparation et y mêla les feuilles de sauge. Au bout d'un quart d'heure, d'un simple coup d'œil, elle tira le prêtre de sa torpeur.

« Le coq est prêt », dit-elle, et elle lut sa panique dans les gestes qui accompagnèrent son réveil. « Si vous voulez, je peux lui porter son repas, ajouta-t-elle.

— Vous pourrez aller là-bas plus tard, mais je dois au préalable l'entendre en confession. Il ne mangera pas sans avoir la conscience nette. »

Et le père Antonio prit le plat et sortit dans la touffeur de la fin du jour. Comme elle le regardait partir, Tobaga vit la nuée carnivore fondre sur lui pour l'escorter ; les moustiques se gaveraient jusqu'au seuil de la prison.

Traduit par Claude Durand

Risotto aux champignons

à la John Steinbeck

huile d'olive extra-vierge • 25 g de bolets
3 rosés des prés • 1 oignon
2 gousses d'ail • 200 g de riz pour risotto
½ l de bouillon de légumes
sel et poivre • 60 g de parmesan • 1 verre de vin blanc

Les bolets gisent secs et racornis, chaque tranche morte de soif, au teint de terre brûlée. Quand l'eau leur tombe dessus, d'abord par simple aspersion, ils boivent tout ce qu'ils peuvent, et sont bientôt submergés par le liquide bienfaisant. Les morceaux desséchés reprennent leur allure primitive et, les contorsions cédant à l'eau, forment une masse molle et luisante. Ce qui ressemblait à une jatte d'écorces prend maintenant la riche couleur d'un plat cuisiné, le rouge sombre d'un sol humide remplaçant le plâtre sec de la terre d'Arizona. La cuisinière va les laisser tremper pendant trois quarts d'heure.

La première huile, extra-vierge, versée dans une poêle à cul épais, se liquéfie sous le léchage de la flamme. Les rosés des prés sont frais au toucher. Leur fine peau et leur tendre corps blanc sont livrés au couteau et les tranches s'amoncellent sur la planche à hacher. La cuisinière fronce le nez quand lui parvient l'odeur de l'huile chaude, et baisse le feu

avant d'y mettre les champignons. Leur chair pâle boit le liquide vert et, à mesure que la chaleur envahit la poêle, brunit et se dore, leur parfaite surface mate brille alors d'un éclat huileux.

La chaleur, maintenant irrésistible, envahit tout. Le feu s'emporte, sûr de lui, continu ; sans hésiter la flamme travaille sous la poêle. La cuisinière s'essuie le front de la main, tout en tournant les champignons en train de roussir dans la poêle. Une fois prêts, ils sont mis de côté. Elle ajoute encore de l'huile. Les bolets sont versés dans une passoire. Elle recueille pour plus tard leur jus sombre et saumâtre. Rien n'est gaspillé. Les bolets, égouttés, glissent en grésillant dans l'huile bouillante qui se bat avec l'eau de leur chair. Un couvercle étouffe les cris des bolets. La vapeur condensée sous le couvercle tombe dans la poêle, reproduisant le cycle des pluies.

Ses mains gercées, aux nombreuses cicatrices, pèlent l'oignon et l'ail, avant de les émincer. Elle sait que les bolets seront réussis si la poêle n'est pas trop sèche ; l'humidité est nécessaire à la suite du travail. Une fois prêts, les bolets, eux aussi, sont réservés, et remplacés par l'ail et l'oignon. Leur senteur s'élève comme un nuage et la cuisinière s'en écarte, les yeux piquants. L'oignon devient transparent, tendre, et rend son jus.

Elle couvre ces légumes. Ils murmurent et gémissent avant de se transformer en une bouillie douce et savoureuse.

Alors le riz se met à pleuvoir sur l'oignon et l'ail, chaque goutte scintillant au contact de l'huile. Pluie sèche qui se mouille là où elle tombe, et le riz commence à boire le liquide. Quand il est versé, le bouillon des bolets produit une bruyante effervescence, comme les vagues déferlant à Pebble Beach, et les grains blancs commencent à gonfler, lentement. Bientôt le liquide disparaît. L'assaisonnement est ajouté, et maintenant il faut mettre le bouillon de légumes, peu à peu, comme au rythme des saisons.

Le parmesan est dur et sec. La cuisinière râpe le seul morceau qu'elle possède. Le fromage crisse crûment, comme du maïs au battage ; le fromage crisse magnifiquement, comme la première neige poudreuse ; le fromage crisse comme sous le rasoir, comme la sciure projetée par le rabot de son mari. Elle partage le parmesan en deux lots et en verse la moitié sur le riz presque cuit, ainsi que les rosés des prés et les bolets. La mixture s'épaissit. Elle y verse une rasade de vin blanc avant de tout bien remuer pour finir.

Elle dispose soigneusement le mélange dans des jattes fêlées et le saupoudre avec le reste du parmesan. Ça ne vaut pas un plat de viande et de pommes de terre, mais au moins sa famille mangera ce soir.

Traduit par Frédéric Jacques Temple

Moules marinière

à la Italo Calvino

500 g de moules par personne (approximativement)
50 g de beurre • 4 échalotes • une gousse d'ail
100 ml de vin blanc • une branche de thym frais
25 g de persil plat frais • poivre selon votre goût
crème fraîche (facultative)

Je rédige cette recette sans savoir où ni quand elle trouvera un public, mais pour l'heure, lecteur, tu es là. Quelle forme a pris ce récit pour venir jusqu'à toi, je l'ignore. Peut-être as-tu trouvé un manuscrit dans le grenier de ta nouvelle demeure, qui a su éveiller ta curiosité ; ou bien la recette s'est-elle retrouvée publiée dans un périodique, ou peut-être même sous la dure et respectable couverture d'un livre. Il est possible que tu aies tourné les pages à la recherche d'une indication relative à son auteur, lequel a peut-être savouré la recette pour la dernière fois tandis que toi, lecteur, l'approche pour la première. Par bonheur, les recettes ne sont pas aussi périssables que les plats ou les écrivains, bien que celles d'Aristophane, si toutefois il en a laissé, ne semblent pas s'être aussi bien conservées que ses pièces.

Il est probable que tu envisages de préparer un repas, à moins que tu n'appartiennes à cette petite « coterie » qui se plaît à lire des livres de recettes au lit, tard le soir. Les lecteurs de recettes sont volages, et un lecteur tel que toi a certainement d'autres

livres de cuisine à portée de main. Sans doute as-tu déjà écarté un certain nombre de recettes qui ne te conviennent pas :

– celles pour lesquelles tu ne possèdes pas les bons ustensiles – une poissonnière est chère et difficile à ranger dans ta petite cuisine ;

– celles qui te semblent trop fastidieuses – l'Athènes d'Aristophane était tenue par des esclaves et la préparation des loirs est interminable ;

– celles qui exigent un temps de cuisson trop long ;

– celles qui te paraissent trop délicates dans leur minutage ;

– celles qui sont inacceptables pour des raisons religieuses ou morales, à quelqu'un qui, comme toi, ne mange ni porc, ni dauphin, ni chien ;

– celles qui sont devenues superflues. Le confort du « prêt à la consommation » étant ce qu'il est, qui, de nos jours, fait lui-même ses confitures, son pain, sa pâte à tarte – et à plus forte raison de la pâte feuilletée ?

Mais est-ce bien ici la recette que tu recherches ? Sans doute as-tu pris déjà connaissance du titre et es-tu ouvert, du moins dans le principe, à l'idée des *moules marinière*. Tu as jeté un regard sur la liste des ingrédients, et il te semble à présent que, si tu peux te procurer des moules, la préparation présentera peu de difficultés. Mais tu prendras ta décision à la dernière minute : en fonction des prix affichés et des ingrédients disponibles.

Te voici revenu chez toi. L'expédition chez le poissonnier a été un succès. Tu as peut-être été tenté, au dernier moment, par les yeux brillants d'un poisson, mais tu t'es souvenu de ta peur des arêtes, petites, incolores, acérées, et parfaitement dissimulées dans la chair blanche. De façon fort opportune, le *Mytilus edulis* ou « moule commune » arbore son squelette à l'extérieur, là où il est bien visible. Il se détache, proprement, en deux valves oblongues, laissant au centre un petit corps gélatineux sans défense. Mais pour le moment, les mollusques noirs sont posés sur l'égouttoir et, comme des troupes en armure attendant les ordres, ils doivent être nettoyés et rendus présentables. À l'aide d'un couteau, et sous l'eau courante, tu peux retirer toute trace de byssus, balanes, bryozoaires, anatifes, ou tout autre petit crustacé qui pourrait être resté accroché sur le squelette noir des bivalves.

Ainsi donc les moules sont propres, chaque coquille aussi noire et brillante qu'un corbillard. Tous les membres du cortège funéraire sont entassés dans une poêle et recouverts d'eau fraîche. Peut-être s'alarment-ils au bruit du couteau de cuisine – tu as commencé de découper les échalotes. Les invités sont peut-être déjà là. Ne leur permets surtout pas de te distraire. Laisse-les à leur apéritif, dans une autre pièce, ou, mieux encore, demande à l'un d'eux de ciseler le persil tandis qu'il boit son verre de muscadet frais – de cette manière, tu pourras te concentrer sur d'autres détails. Que serviras-tu avec les moules ? Le four est chaud, mais tu ne voudrais pas que tes hôtes te voient sortir les frites surgelées de leur sac en plastique ; la magie pourrait être rompue. Tu savais que c'était une erreur de les laisser entrer dans la cuisine ; le four n'est même pas chaud. Demande-leur d'aller dans une autre pièce. Si le plat doit être servi en entrée, envoie l'un de tes hôtes à la boulangerie chercher une ou deux baguettes.

Dans une grande poêle, une pour laquelle tu disposes d'un couvercle, les échalotes hachées grésillent à présent dans le beurre fondu avec le thym, peut-être même avec une feuille de laurier. Tu ajoutes l'ail, finement haché. Maintenant, passe les moules en revue. Écarte toutes celles qui pourraient être ouvertes. Elles doivent être fermées, tels des livres sur des étagères. Comme des écrivains, elles n'accueillent pas facilement les visiteurs ; une petite tape sur la coquille, et cette dernière se referme plus fortement que le bréviaire d'un prêtre. À présent jette-les dans la poêle, et ajoute le vin blanc. Comme le liquide coule dans l'huile chaude, il émet un sifflement et la vapeur qui s'échappe s'épanouit en volutes. Tu sens que les invités sont impressionnés. Tu remets le couvercle en place et le bruit s'éteint ; dans cinq minutes ce sera prêt. Les bols sont-ils chauds ? La table est-elle prête ? Y a-t-il des bougies, du vin, des verres ? Il faut planter le décor. Peut-être dînes-tu seul. Il n'y a cependant aucun mal à rendre la table accueillante. Tu as un livre à lire – tâche difficile à accomplir lorsque l'on doit manger des moules –, mets plutôt de la musique douce.

Le couvercle de la poêle tressaute : le repas est presque prêt, son auteur presque oublié. Dois-tu ajouter à présent le persil frais ? Quelle quantité ? À quel moment ? Tu ne t'en souviens plus, et les invités sont là qui te regardent… Après avoir mémorisé leur contenu, tu as caché les pages compromettantes, et les invités ne se doutent de rien. « Un des petits plats que m'a légués ma grand-mère… J'ai improvisé. » L'auteur est un des nombreux ingrédients que l'on peut omettre au moment de servir. Allez, avoue que tu as été infidèle à mon texte, c'est ma faute. Écrire « poivre selon votre goût » montre la faiblesse qui mena à la Révolution. Il n'y a pas d'échalotes ? Alors des oignons feront l'affaire. Si nous ajoutions de la crème, le mélange serait plus savoureux ; et pourquoi s'embarrasser de thym ? Enfin, quoi, un auteur de recettes ne mérite-t-il pas le même respect que les autres auteurs ? Ses écrits ne dépendent-ils pas, pour leur créativité, de la plus subtile des inventions : un grain de sel judicieusement placé, des variations délicates de chaleur et de flamme… Tu n'oserais jamais traiter les écrivains « littéraires » de cette manière ? *Comment* ? Raskolnikov la tue avec une hache ? Trop violent, un objet contondant suffira : disons qu'elle a été assommée avec un rouleau à pâtisserie.

Les invités sont à table, il est encore temps de vérifier la recette. Tu prends le livre sur l'étagère, une dernière fois pour te rassurer, seulement ici, la recette exige un bouquet garni ; il aurait dû être jeté dans la poêle, immédiatement après les oignons et les échalotes. Mais attention, il ne s'agit pas du même livre… Tu entends les voix des invités dans la pièce à côté, tu prends un autre livre.

Moules marinière, la voilà ; mais tu t'aperçois que les dernières lignes te demandent « d'ajouter de la crème » ? Enfin, il n'était pas fait mention de crème... Tu n'as pas de crème. Tes invités appellent depuis la salle à manger – Est-ce qu'ils peuvent t'aider ? Tu cries : « Ne bougez pas ! » Tu ne veux pas qu'on te voie en train de consulter un livre. « C'est presque prêt. Choisissez un morceau de musique. » Où est la recette initiale des *moules marinière* ? Quel est ce plat que tu as préparé ? Quelle peut bien être l'utilité d'une recette qui ne cesse de changer ? Mais attends, ce n'est pas le bon livre. Furieux, tu jettes le volume dans l'évier vide. Tu voudrais le précipiter dans une casserole d'eau en ébullition, le laissant cuire jusqu'à ce qu'il ne soit plus qu'une mince bouillie ; ou mieux encore, tu aimerais le râper jusqu'à ce qu'un tas de copeaux de papier s'amoncelle sur le plan de travail. Quelques mots seraient encore lisibles ; ce qui ne saurait te satisfaire, il te faudrait un anéantissement complet ! Tu passerais les petits morceaux de papier dans le hachoir, le mixeur, la centrifugeuse, afin que le livre soit réduit à l'état de confettis. Tu pourrais alors les broyer avec un pilon dans un mortier pour fabriquer une farine avec laquelle tu ferais du pain dont tu donnerais les morceaux aux oiseaux migrateurs. Mieux encore, étale les minuscules miettes de papier imprimé sur une plaque et roussis-les sous un gril brûlant. Tu observes la fumée tandis qu'elle commence à monter, mais les formes sinueuses prennent l'apparence de lettres, puis de mots, comme une insulte adressée à tous tes efforts. Laisse la hotte aspirante faire son travail, et regarde la fumée être attirée, expulsée, puis dispersée dans l'atmosphère tandis que les plus infimes particules s'élèvent au-dessus de la ville, transportées, emportées aux quatre vents. Tu voudrais tout cela, mais le temps te manque, et tes invités ont faim. Alors, sur une autre étagère, tu remarques le dos endommagé d'un livre. Dans ta hâte, tu avais placé le livre contenant la recette initiale non sur le rayonnage réservé aux ouvrages de cuisine mais sur celui affecté à la littérature. Tu le consultes une dernière fois, tu n'as plus qu'à ajouter le persil plat, frais et grossièrement ciselé. La crème est facultative. Tu remets le livre au même endroit sur l'étagère, à côté des œuvres d'Italo Calvino, et tu sers les moules marinière.

Traduit par Patricia Reznikov et Gérard de Cortanze

Poussins désossés et farcis

à la Marquis de Sade

Avertissement :
Hommage soit ici rendu à la Révolution qui nous a apporté ce progrès essentiel du génie humain : le système décimal. Aussi jetterai-je aux orties l'obscurantisme qui prévalut au temps de la tyrannie en ne m'exprimant qu'en grammes et en litres, plutôt qu'en onces, livres ou boisseaux.

2 poussins • 85 g de beurre • 1 gros oignon
110 g de champignons (têtes) émincés
55 g de mie de pain blanc, fraîche
2 grosses cuillerées de persil frais, haché fin
le zeste râpé d'un quart de citron
30 g de pruneaux ayant mariné toute une nuit
30 g d'abricots ayant mariné toute une nuit
sel et poivre noir fraîchement moulu
la moitié d'un œuf battu
170 g d'oignons, carottes, navets,
céleri, hachés et mélangés
290 ml de bouillon de poule • une feuille de laurier
une poignée de cresson, en manière d'accompagnement

Oui, Lectrice, ma belle amie, c'est à toi que j'adresse cette recette.

À la fois l'exemple et l'honneur de ton sexe, réunissant à l'âme la plus sensible l'esprit le plus

C. 05

juste et le mieux éclairé, ce n'est qu'à toi qu'il appartient de connaître l'exaltation que procure l'art culinaire.

L'ascendant de la Vertu sur le Vice, la récompense du bien, la punition du mal étant ma démarche ordinaire, je te montrerai combien la gastronomie pratiquée telle une philosophie se doit d'éclaircir la confusion des idées dont nous sommes aujourd'hui les victimes. Car enfin, regarde un peu le train du monde. La tyrannie du politiquement correct en matière d'alimentation nous a imposé la révérence aux espèces déclarées en danger, elle a condamné les fermes industrielles, conspué la modification génétique ainsi que l'abattage, au point que le citoyen épouvanté – et plus encore s'il est entravé par les chaînes d'une religion – ne sait plus où donner de la fourchette. Comment, dès lors, jouir de son propre goût et satisfaire ses appétits ?

Asservi aux études et ratiocinations des scientifiques, aux élucubrations des diététiciens, aux afféteries des taverniers, aux cauteleuses réclames des associations professionnelles, le nouveau consommateur serait-il au moins récompensé par une vigoureuse santé, une longue destinée, l'espoir d'un plus bel au-delà ? Que nenni ! Autour de lui, ce ne sont que végétariens rongeant les pissenlits par la racine, buveurs d'eau apoplectiques ou phobiques du sucre affligés de caries, gémissant dans les boutiques des chirurgiens dentistes.

Et toi, Lecteur, qui regarde par-dessus l'épaule de la charmante qui me lit, reconnais que tes années de tempérance, de candide foi dans les yaourts allégés, ne t'ont point préservé de la bedaine, de joues plus rebondies que des fesses, voire d'une misérable insuffisance sexuelle. À moins que ce ne soit ce calvaire du jeûne qui t'ait donné cette hâve figure, creusée par le dépit, ravinée par l'aigreur, ainsi que par tes longues soirées solitaires, en vérité plastron de toutes les débauches. Aussi, par le biais des révélations les plus effrayantes, des coups de pinceau les plus énergiques et dans la vue d'obtenir l'une des plus sublimes leçons d'existence, vais-je dénoncer ici cette scélératesse : beaucoup de nos directeurs de conscience, précepteurs d'hygiène et autres maîtres ès babils, ne consomment point la nourriture qu'ils nous recommandent. Ce sont là des chafouins, des hypocrites, qui, la clef sur la porte, s'empiffrent de la belle manière.

En profiterons-nous, au moins ? Assurément ! En prenant connaissance de cette recette de poussins farcis qui fut dérobée à l'un de ces imposteurs.

Elle me fut apportée par Justine, tendre héroïne de mes *Malheurs de la vertu*, que les aléas de la vie placèrent sur mon chemin.

« Ah, mon ami ! me dit-elle tout d'abord, souffrez que je situe le lieu et le personnage. Il m'advint un jour de toquer à la porte d'un puissant magistrat, répondant au nom de Hugon... »

Cet homme, juge de son état, était grand prêtre de l'abstinence. Vêtu exclusivement de noir et de blanc, il ne manquait aucun office de sa paroisse. Il en terrorisait le malheureux curé, dont la parole s'embarrassait au moment du prêche, tant le regard de cette ouaille était sourcilleux. L'œil du

Tout-Puissant lui-même ! Car le juge était un parangon d'austérité, sa table un désert de frugalité, et sa demeure, fréquentée par gens de loi et de Parlement, un mausolée de bienséance politique. Hugon avait fait serment de se priver de tout aliment dont la consommation serait contraire à l'équilibre de la nature : ainsi de la morue, en grand danger de disparition ; du thon qui n'eût point été pêché à la ligne ; des crevettes élevées dans des mangroves menacées de destruction ; ou bien encore de la viande provenant de tout animal pouvant abriter une quelconque âme. Au surplus, et comme pour mieux le distinguer de ses confrères et amis, sitôt qu'il fut en puissance de trois beaux enfants, son épouse lui enjoignit d'aller dormir dans la chambre d'amis.

Un après-midi, alors qu'il était seul, le juge fut dérangé dans la rédaction de sa correspondance par quelques coups frappés à son huis. Il alla ouvrir, découvrant sur son seuil une jeune beauté. Un air de vierge, de grands yeux bleus, des cheveux à ravir, la taille souple, une peau éblouissante, des dents aiguës ; et il se prit à songer tout soudain que tant de bonté et de loyauté pourrait causer quelque tracas à cette enfant...

Cette splendeur – c'était notre Justine – était la fille du boucher du quartier, dont le commis était tombé malade. Elle le remplaçait pour les livraisons, or voici que, peu accoutumée aux écritures dudit, elle avait mal déchiffré l'une des adresses, se retrouvant au 21 de l'Avenue, chez un homme ayant

renoncé à tous les plaisirs, quand elle eût dû se rendre au 27, demeure d'un bon vivant notoire. Voilà comment elle me détailla l'affaire :
« Au bout d'une longue allée bordée par des haies se dressait une imposante demeure avec une porte noire. Un homme ouvrit. Oh ! que j'étais timide ! “Monsieur, dis-je, je suis navrée de tout ce temps perdu pour vous apporter vos poussins, mais ma camionnette est en panne. J'ai achevé mes livraisons à pied.” Ma figure était si pâle, ma voix si ténue, que le juge en fut touché. “Chère enfant, je vous pardonne !” répondit-il en haletant un peu ; ce qui ne laissa pas que de m'étonner. “Mais il ajouta aussitôt : Voulez-vous entrer boire quelque chose ?”
Il referma la porte après avoir regardé de droite et de gauche, puis m'ayant pris le paquet des mains, me précéda dans un long vestibule. Il m'assura que ma camionnette pourrait être réparée. Il tremblait à cet instant, et je me dis que ce devait être l'effet d'un tempérament plein d'humanité. Nous allâmes dans sa cuisine, où il m'expliqua que sa femme et ses enfants étaient en voyage et qu'il avait donné congé pour tout le jour à ses gens. Puis, l'air grave et plein de compassion, il m'interrogea, dans la vue de m'aider.

1. Était-ce bien chez lui que je devais faire ma dernière livraison du jour ? 2. Monsieur mon père ne m'attendait-il point promptement de retour dans son échoppe ? 3. Étais-je bien certaine, vraiment certaine, d'avoir achevé ma tournée ? 4. Avais-je garé la camionnette bien loin de sa demeure ?

« Quand je l'eus satisfait, il se détendit. “Là, là,

mon enfant. Nous avons assez de temps pour nous occuper de nos oiseaux ... enfin, je veux dire, de votre véhicule endommagé ! Je vais appeler mon cabinet pour arranger votre affaire."

« C'était un homme fort grand, rasé de près, le teint blême ; avec un regard gris si perçant que je commençai à me sentir mal. "Je ne vous ai que trop importuné, monsieur. Je vais rentrer à pied chez mon père. — Eh quoi, mademoiselle ? rétorqua-t-il sur un ton de colère, craindriez-vous un magistrat de Sa Majesté ? Douteriez-vous que je ne veuille agir de la meilleure façon ? Oseriez-vous ?" Soudain, il s'empara de moi, m'agrippant par le poignet pour me jeter dans un cellier attenant à sa cuisine. Il ferma la porte à clef. J'étais dans le noir. Je frappai, hurlai, appelai à l'aide, mais en vain. Mes yeux s'accoutumant à la pénombre, je vis où je me trouvais. C'était un garde-manger garni d'étagères sur lesquelles étaient disposés des sachets de pâtes de blé dur, des boîtes d'avoine sans OGM, des paquets de gâteaux de riz et des pots de confiture sans sucre. Par le trou de la serrure filtrait une lumière. Je me penchai pour voir au travers, et la scène à laquelle j'assistai me fit tressaillir. "Oh, Dieu, pensai-je dans un gémissement, devrai-je être la victime de ma généreuse nature et de mon dévouement filial ?"

« Sans témoigner la moindre pitié pour l'état cruel où il m'avait réduite, le juge fracturait le paquet pour découvrir des volatiles blancs et charnus. Ses yeux s'agrandirent. "Qu'avons-nous ici ? Deux oiseaux fripons ! Les beaux bréchets, les splendides croupions !" Il donna une tape enjouée à l'un d'entre eux. "Nous allons vous donner une leçon !" Les tâtant avec brutalité, il murmura : "Les superbes chairs !" Il plaça une main sur chaque oiseau, imprimant sur leur peau une rude pression. "Ne craignez rien, mes poussins, c'est moi, le corrompu, le débauché ! Et tandis que le ciel me jugera pour avoir trahi mon serment et joui des ineffables attraits de la rupture des freins sociaux ainsi que du renversement de toutes les lois, vous, chers poussins dodus, bien loin de vos corps, vos âmes innocentes iront nicher sur les branches du Paradis !"

« Saisissant un couteau, il se mit en devoir de désosser ces pauvres petits êtres. Si, ès qualité de boucher, mon père accomplissait ordinairement cette tâche, ce ne pouvait, à Dieu ne plaise, être un révulsant spectacle, mais le juge ahanait, il peinait à l'ouvrage, il s'y assouvissait à l'envi.
La sueur dégouttait de son front, trempant la grasse nudité des volailles. Il grognait tandis qu'il besognait, ne se servant à leur égard que des plus grossières épithètes. »

Ici, Justine parut troublée, suspendant son récit par cette phrase où se révélait sa pudeur : « Pardonnez-moi ; mon esprit abreuvé d'horreur ne saurait rapporter ici aucun mot de ce discours. Hélas ! Mon cœur s'arrêta même un instant de battre lorsque le scélérat se mit à fixer la porte du garde-manger. Mais il revint incontinent au théâtre de sa dépravation : "À présent que vous voilà désossés, nous pouvons agir plus avant : que diriez-vous d'être farcis ?" Avec le plus cruel des sourires, il crocheta une motte de beurre, en préleva un morceau, qu'il mit à fondre à feu doux dans une poêle. Puis, avisant un gros oignon, il le hacha sauvagement, le faisant revenir à plaisir, ajoutant en manière de raffinement des champignons émincés. Il cisela une botte de persil, tandis que se répandait une odeur de cuisine dont la suavité me fit un instant oublier l'aigu de ma situation. Soudain, il se dirigea vers le cellier en mâchonnant une phrase où il était question de fraîcheur et de fruits délicieux. La porte s'ouvrit. Mes sanglots arracheraient-ils à ce monstre un sursaut d'humanité ? Je m'évanouis un peu. Il passa, saisit quelques objets et ressortit sans même me jeter un regard. Je lorgnai aussitôt par le trou de la serrure, m'attendant aux pires abus. Il disposa des bocaux sur son plan de travail : prunes et abricots séchés. Il ajouta de la mie de pain et une bonne poignée de persil haché à l'oignon revenu, avant de râper de l'écorce de citron, puis remua le tout avec les fruits en menus morceaux. Il poudra de sel, de poivre et, pour finir, ajouta la moitié d'un œuf battu.

« Les yeux du juge étaient injectés, abominables, les traits de son visage transpiraient la plus féroce des concupiscences, qu'il allait satisfaire hors de tout entendement. Sa chemise, auparavant si blanche, était maculée de sang et de beurre ; je le vis lécher l'œuf battu sur ses doigts, telle une liqueur, pour s'essuyer sur son linge… Alors, il coucha les deux poussins face à lui, et les fourra sans pitié. Je n'imaginais point que de si petits oiseaux pussent contenir autant de farce! Mais ce n'était pas tout. Après avoir forcé au mieux les pauvres bêtes, soudain, il prit une aiguille et, avec des mots d'une violence inouïe, entreprit d'enfiler cette dernière à cru dans leur tendre chair, afin d'en coudre à jamais les pertuis. La besogne achevée, il tapota de nouveau la volaille pour la remettre en forme. »

Ici, Justine s'arrêta encore avec un étrange soupir, puis entreprit de philosopher sur l'humanité en même temps qu'elle me livrait la suite de son aventure : « Ô juge, ô barbare déguisé sous l'hermine de la civilisation, faut-il désespérer de notre engeance ? Sans doute n'est-ce qu'en étendant la sphère de ses goûts et de ses fantaisies que le malheureux bipède connu sous le nom d'homme parvient à semer quelques roses sur les épines de la vie, aussi bien ne pouvais-je me déprendre d'une certaine fascination en voyant le sieur Hugon laisser tomber une noisette de beurre dans un plat résistant au feu. Quand ce fut à bonne température, il fit dorer les poussins légèrement sur toutes les faces ; cette besogne achevée, il remplaça dans le plat les volatiles par des légumes d'hiver : oignon, navet, carotte et céleri en morceaux. Lorsque cela fut à point, il disposa de nouveau les poussins et les agrémenta de bouillon de poule. Il eût pu en concocter avec des os de poulet, mais il pressait le mouvement, usant d'un cube de bouillon concentré, ajoutant une feuille de laurier, assaisonnant, puis couvrant le tout pour le laisser mijoter durant trois quarts d'heure.

« Ébranlée par tant de péripéties je dus m'évanouir, car je ne garde point mémoire de ce laps de temps. Lorsque je rouvris les yeux, les poussins cuisinés avaient été mis au four pour les tenir au chaud. En bon magistrat qu'il était, Hugon passait les légumes au tamis pour en extraire le jus. Il mit de côté le reliquat des fibres et continua d'en faire bouillir le suc, le tournant à la cuiller pour qu'il prît une consistance mielleuse. Il parlait pour soi-même et sans retenue, disant que tout cela allait à merveille. “À merveille !” répétait-il. Quoi ! Point de remords ? Je craignais qu'une fois sa goinfrerie assouvie, avisant de nouveau ma porte, il n'allât jeter son dévolu sur mes appas. Mon sein palpitait, ma gorge se serrait, je redoutais les pires hommages.

« Il fallait fuir au plus vite. Distinguant sur l'un des murs une mince ouverture de ventilation placée en hauteur, je grimpai aussitôt sur les étagères et m'y attaquai à l'aide d'une boîte de pâté végétarien. La grille céda. Pour faire diversion, je criai très fort en jetant au sol des paquets de sel et des boîtes de lait de soja, lesquels m'éclaboussèrent, pour se déverser en mare sur le plancher. Comme prévu, jouissant sans vergogne de ses oiseaux farcis, mon ravisseur ne se dérangea pas ; aussi, sans perdre de temps, glissai-je mes épaules par l'ouverture, puis me tortillai pour passer mes jambes. Revenue à l'air libre, bien que chancelante, je me hâtai vers la maison la plus proche.

« Sur la porte, flamboyait cette plaque dorée : « M. Michel de La Prairie, Membre du Parlement. »

Quel soulagement ! Persuadée qu'un tel personnage n'allait faire autrement que de porter secours à ma détresse, je carillonnai et m'évanouis dans le même temps ; à la renverse sur le seuil, le pouls faible, les habits constellés de gros sel et souillés de lait de soja.

« Ah, mon ami ! mon ami ! conclut ma tendre Justine, que croyez-vous qu'il m'arrivât ? Ce haut politique me fit déshabiller pour que l'on pût nettoyer mes vêtements. Il me consola aussi, tandis qu'il mandait ses plus vigoureux laquais à la réparation de mon véhicule ; si bien que lorsque je le quittai, j'étais assurée de sa protection. Hélas ! Aucune de mes accusations à l'encontre du juge Hugon ne fut transmise au corps social : ni son hypocrisie quant aux prescriptions de la diététique, ni sa brutalité de mœurs à l'encontre de l'intégrité corporelle des malheureux poussins. Pire encore, cet infâme scélérat fut nommé quelque temps plus tard vice-président d'une Haute Cour, tandis que l'honorable membre du Parlement devenait ministre de Sa Majesté.

« Cette injustice détermina bientôt la plus terrible de mes disgrâces, car les deux compères s'acoquinèrent pour favoriser une chaîne de supermarchés qui ouvrit une immense succursale dans notre élégant quartier ; mon père fut acculé à la faillite ; sa santé périclita ; aussi, pour subvenir à nos besoins, fus-je contrainte de travailler de nuit dans un établissement de poulet frit à emporter. »

Pauvre Justine ! Entendant son discours, je la

plaignais assurément, mais la serrais avec joie contre mon cœur, car c'était bien grâce à cette infortune qu'au petit matin d'une nuit de débauche, ne trouvant plus de quoi me restaurer, je l'avais rencontrée, aussi désespérée que délicieuse, avec son petit bonnet de carton sur la tête.

« Allons, sèche tes larmes et ne pense qu'à l'avenir, lui dis-je en baisant ses paupières. Car je veux pour toi une destinée autrement glorieuse, où nous célébrerons par la bonne chère la Vertu et la vraie philosophie. »

Quant à vous, qui avez été émus par tous ces malheurs, consolez-vous aussi, en considérant que si les ministres des autels du Christ devaient ici, pour une fois, être entendus, leur conclusion serait que tant d'avanies sur cette terre ne sauraient être récompensées que par plus encore de bonheurs dans le ciel !

Traduit par Patrice de Méritens

Clafoutis grand-mère

à la Virginia Woolf

500 g de cerises • 3 œufs • 150 g de farine
150 g de sucre en poudre
10 g de levure délayée dans de l'eau chaude
100 g de beurre • 1 tasse de lait

Elle déposa les cerises dans une terrine beurrée et regarda par la fenêtre. Les enfants couraient sur la pelouse, Nicholas, qui avait déjà atteint les massifs de tritomas rouge flamboyant, se retournant pour attendre les autres. Elle revint aux cerises, pois rouges sur fond blanc, si gais et si plaisants, avec leurs noyaux durs invisibles qu'elle n'enlèverait pas. Elle eut une pensée émue pour Mrs Sorley, cette pauvre femme sans mari, avec tant de bouches à nourrir, Mrs Sorley qui ne connaissait que la dureté du noyau et non la douceur ; et elle réserva la terrine de cerises.

Lentement elle fit fondre le beurre, transparent et lisse, pâle et huileux, clarifié et doré, et le mélangea au sucre dans une grande jatte. Aurait-elle dû choisir un dessert anglais traditionnel ? (Un amas de gâteaux surgit spontanément devant ses yeux.) Naturellement la recette était française, elle lui venait de sa grand-mère. Ce qui passait pour de la cuisine en Angleterre était une abomination. Cela consistait à plonger les choux dans l'eau. À rôtir la viande jusqu'à ce qu'elle soit dure comme de la semelle. À ôter les saveurs avec un couteau émoussé.

Elle ajouta un œuf et s'arrêta un instant pour regarder le jackmanii, éclatant contre le mur blanc. Ne serait-ce pas merveilleux que Nicholas devienne un grand artiste, toute la vie se profilant devant lui, une toile vierge, les formes aux couleurs vives se précisant peu à peu... Il y aurait des femmes, des triomphes, puis les couleurs s'assombriraient, avec leur lot de labeur, de solitude, d'épreuves. Comme elle aimerait qu'il puisse rester comme il était à présent, ils étaient si heureux; le ciel était si clair. Ils étaient plus heureux maintenant qu'ils ne le seraient de toute leur vie. Elle ajouta un œuf avec une grande sérénité, car après tout coulait dans ses veines le sang de cette lignée française très noble, dont les filles avaient apporté leurs talents et leur énergie, leur sens des couleurs et des formes, leur grâce et leur esprit, aux Anglais apathiques. Elle ajouta encore un œuf dont la sphère jaune, tombant dans la jatte bombée, se rompit, s'épancha dans la préparation comme une coulée de lave, comme le soleil s'abîmant dans un océan de beurre. Les deux dômes de sa coquille brisée gisaient sur la table, et toute la misère et les souffrances de Mrs Sorley se résumaient à cela, pensa-t-elle.

La farine, quant à elle, lui procura une sensation exquise, il en resta une pointe sur sa joue semblable à une caresse lorsqu'elle écarta une fine mèche de cheveux, comme si sa beauté l'ennuyait et qu'elle voulait être comme les autres, insignifiante, une veuve seule dans sa maison, armée d'une plume et de papier, qui rédige des notes, explique la pauvreté,

expose les problèmes sociaux (elle incorpora la farine dans la préparation). Elle était si impérieuse – non pas tyrannique ni dominatrice, elle n'aurait pas dû écouter ce que disaient les autres –, elle était comme une flèche pointée sur sa cible. Elle aurait aimé bâtir un hôpital, mais comment ? Pour le moment, il y avait ce clafoutis destiné à Mrs Sorley et à ses enfants (elle ajouta la levure diluée dans l'eau chaude). La levure permettrait au mélange de jaillir droit dans l'air comme une colonne d'énergie, alimentée par la chaleur du four jusqu'à ce que le couteau sec et stérile du mâle plonge sans pitié dans l'édifice, le laissant aplati et épuisé.

Petit à petit, elle versa le lait jusqu'à ce que la préparation soit lisse et fluide, onctueuse et homogène, liquide et sans grumeaux, s'arrêtant un instant pour songer à ses notes sur l'inégalité du système laitier anglais. Elle leva les yeux : quel démon le possédait, son benjamin qui courait sur la pelouse ? Anges ou démons ? Pourquoi fallait-il que les enfants changent ? Pourquoi fallait-il qu'ils grandissent ? (Elle versa la préparation sur les cerises dans la terrine.) À présent le dôme était devenu un cercle, les cerises enveloppées de la préparation mousseuse qui les bercerait et les protégerait, la préparation mousseuse qui les enveloppait tous, la maison, la pelouse, les asphodèles, ce diable de Nicholas qui passait en courant devant la fenêtre, et elle glissa la terrine dans le four chaud. Dans trente minutes, le clafoutis serait prêt.

Traduit par Anne Freyer-Mauthner

Fenkata

à la Homère

1 lapin • 2 oignons • ½ tête d'ail écrasée
5 belles tomates fraîches pelées • 1 piment oiseau
un bouquet de thym, sarriette et origan frais
7,5 cl de muscat corse
200 g de pommes de terre rattes,
pelées et hachées finement
2 feuilles de laurier • huile d'olive extra-vierge

Chante maintenant, ô déesse, la faim d'Achille, fils de Pélée. Muses de l'Olympe, filles de Zeus, venez donc me dire les Achéens au ventre creux dont les réserves avaient ranci et croupi pendant qu'ils assiégeaient les murs d'Ilion pendant dix longues années. Vous qui savez toutes choses, alors que nous n'avons eu vent que de rumeurs et ne savons rien, dites-moi la ruse d'Ulysse aux mille tours qui, voyant la faim gagner les Achéens affligés, comme un feu qui efface tout illumine une vaste forêt sur une crête de montagne, ne se laissa pas ébranler, mais s'avança pour saisir son arc et son chaudron d'airain.

Dans son berceau de brume, à peine avait paru l'Aurore aux doigts de roses que déjà Ulysse s'élançait du lit et jetait son arc sur son épaule. Il attacha ses belles sandales sous ses pieds luisants et se mit en chemin. Il ne tarda pas à rencontrer un lapin aux pieds légers qui broutait près des dunes. Alors le divin Ulysse, tenant à la main son arc et son carquois rempli de flèches, abaissa l'arc devant lui et décocha une flèche. Et sa visée n'était pas inexacte, mais Apollon, qui frappe loin, était encore courroucé contre les Achéens affligés ; il dévia la flèche de sorte qu'elle retomba dans le sable sans faire de mal. Le lapin, alarmé, courut s'abriter, rapide comme un torrent de montagne qui gagne de la vitesse avant de disparaître sous le rocher scintillant pour réapparaître plus tard en un lieu inattendu. Mais Pallas Athéna, la déesse aux yeux pers, apparut à Ulysse et lui dit de tirer une seconde flèche, bien que cela semblât sans espoir. Cette fois-ci, il ne dépensa pas sa force en vain : sa flèche, lestée de bronze, atteignit sa cible et transperça le foie avant de ressortir de l'autre côté et de briser la force des pattes du lapin, dont le sang noir trempa le sable et dont les yeux s'enténébrèrent.

Ulysse lia les pattes de la puissante créature et la jeta sur son épaule pour la rapporter au camp des Achéens sur la grève aux flots gris, sous les proues azurées des vaisseaux de bois.

Alors le vaillant Achille sécha ses larmes et sortit de sa tente. Il ceignit un tablier de cuir autour de sa poitrine et de ses reins, dépeça le lapin et le détailla en parts égales d'une main experte. Puis il prit les morceaux et les fit revenir dans de l'huile d'olive, et la fumée s'éleva au haut de l'Olympe, où siègent les dieux qui gouvernent les hommes. Voyant que le divin Achille ne ruminait plus sous sa tente, le blond Ménélas reprit courage et vint avec des herbes aromatiques, qu'il ajouta au chaudron. Puis Ulysse aux mille tours mêla du vin doux comme le

miel dans le cratère, en arrosa la viande et retira le chaudron du feu pour laisser mariner trente minutes.

Le fils d'Atrée, le puissant Agamemnon, seigneur des peuples, hacha les oignons et répandit des larmes, comme un torrent sombre, dévalant la face d'une falaise infranchissable, répand son eau rare ; mais, murmurant que ce n'était pas une tâche digne d'un roi, il refusa de continuer. Alors Achille se chargea de hacher l'ail et, dans un chaudron séparé que lui donna Agamemnon, il le mit à dorer avec les oignons. Puis il ajouta les pommes de terre, les tomates et les feuilles de laurier, et laissa cuire quinze minutes. Alors le prudent Nestor, à l'instigation d'Athéna, les convainquit de mélanger le contenu des deux chaudrons en un seul. Ils remirent celui-ci à feu doux pendant une heure afin que la chair du lapin fût tendre et moelleuse. Puis Achille adressa une prière à Zeus, maître des bœufs au large front, versa le vin dans le cratère et porta ses regards vers le ciel.

« Ô Zeus au plus haut de l'Olympe, écoute-moi comme tu m'as déjà écouté et honoré en exauçant le vœu que je t'avais adressé. Vois comme j'ai travaillé dur de mes mains pour cuire le lapin et te faire offrande de ses viscères. Veuille que la nourriture soit bonne et que ma peine soit appréciée des Achéens, et non seulement quand mes mains invincibles se déchaînent contre les Troyens. Que ce festin ait lieu dans la bonne humeur et sans dispute entre les seigneurs des Achéens aux yeux étincelants. » Telle fut sa prière et Zeus, en sa sage assemblée, entendit le fils de Pélée et exauça une prière mais pas l'autre. Il permit que la nourriture fût bonne, mais refusa de laisser le repas se dérouler dans l'harmonie.

Ulysse aux mille tours cependant n'oubliait pas les appétits des Achéens et, quand le plat fut prêt, il en réserva la sauce pour en napper des *linguini* qu'il servit en mise en bouche. Alors Agamemnon se leva pour réclamer la plus grosse part:
« Puisque je suis roi et le plus grand de vous tous ici présents, si bien que nul ne peut me le disputer. »
Ainsi il parla et se rassit. La colère envahit le bouillant Achille, de sorte que son cœur était partagé: ou il tirait son glaive et tuait Agamemnon, ou il mettait de côté son courroux et lui servait le plus petit morceau. Alors Achille répondit au seigneur Agamemnon: « Outre à vin à l'appétit de dogue! Tu menaces de réduire ma portion, pour laquelle je me suis tant dépensé. Quand les Achéens se chargent de la cuisine, ai-je une part égale à la tienne? Même si le plus gros de la cuisine est l'œuvre de mes mains, quand le moment vient de distribuer les rations, ta récompense est de loin la plus grande. »

Alors le meneur de chevaux Nestor se leva parmi eux et leur dit ces mots ailés: « Fier Achille, tu es ardent au combat plus que tout autre, aucun des Achéens ne critiquera tes paroles ni ne les contestera, pourtant tu n'as pas policé tes arguments. Mais laisse-moi parler, étant donné que je suis le plus chargé d'années, et examiner toute l'affaire, puisque nul ne peut réfuter ce que je dis.

Je parlerai de la manière qui semble préférable à mon esprit, et personne n'aura une pensée qui soit meilleure que la mienne, maintenant ou avant longtemps. Qu'on tire au sort pour que vous voyiez tous qui reçoit quelle ration. » Il parla et chacun d'eux marqua son jeton. Ils les jetèrent dans le casque d'Agamemnon, le fils d'Atrée. Et Achille posa une part devant chacun d'eux selon le sort qui leur était échu. La faim de personne ne fut oubliée ; vers ces morceaux préparés et servis, ils tendirent les mains et se restaurèrent jusqu'à ce qu'ils eussent satisfait leur soif et leur appétit.

Traduit par Isabelle D. Philippe
(qui tient à remercier Pierre Gagnaire et C.M.)

Tiramisu

à la Marcel Proust

12 à 15 biscuits de Savoie • 4 œufs
100 g de sucre semoule
Amaretto di Saronno • 500 g de mascarpone
2 tasses de café froid • poudre de cacao

Bien que la vogue d'un café soit généralement en rapport proportionnellement inverse à son niveau de confort, par une froide journée de mars je me retrouvai sur le boulevard Beaumarchais dans l'un de ces établissements dont les propriétaires, aux quartiers généraux sans doute fort éloignés du lieu où je venais de m'asseoir, avaient réussi à établir dans ce cadre un point d'équilibre parfait où style et confort s'annulaient strictement, ni l'un ni l'autre n'étant offert ; cet assemblage composé de divans marron, de bois blond et de murs rouges semblait issu d'un monde tout à fait ignorant de la destination des marchandises expédiées, l'ensemble atteignant une médiocrité si recherchée qu'elle en devenait criante. Dès lors, en examinant le cappuccino que l'on m'avait servi dans une tasse blanche d'un modèle fort commun, dont la surface offrait l'aspect d'une mousse fouettée avec frénésie et surchargée d'un saupoudrage de chocolat, je déplorai que désormais mon âge dictât répit et repos non aux moments où mon regard était aimanté par quelque chose ou quelqu'un de trop attirant pour y résister, mais où mon corps l'exigeait. C'est toutefois lorsque je commençai à siroter ce breuvage à petites gorgées que soudain me revint ce souvenir : la couche de poudre de chocolat répandue sur mon cappuccino se transmua en cacao – celui-là même déposé à la surface du tiramisu que, dans le jardin de Combray, je goûtai pour la première fois un soir lors d'une petite réception donnée par mon père en l'honneur de l'ancien ambassadeur à Rome, réinstallé depuis peu dans notre voisinage avec sa fille.

De ce lointain passé – avec ses grandes demeures disparues et ses habitants, eux-mêmes une espèce presque en voie d'extinction, semblables en quelque sorte aux ultimes créatures d'une forêt mythique – se dégageait peu à peu quelque chose d'infiniment plus vivace, à la fois désincarné et tenace ; résistant à la destruction, les fidèles souvenirs olfactifs et gustatifs réédifiaient en cet instant le palais abritant de son enceinte le souvenir de cette soirée et de ce tiramisu.

Cette émulsion de crème et de café semblait donner accès à un monde plus réel que celui au sein duquel je me trouvais assis, dans cet établissement se présentant – au mépris de la vérité – comme « La Maison du Café », avec des petits panneaux indiquant « De purs délices », « Entrez déjeuner » ou « Panini chauds », qui s'adressaient à une génération au sein de laquelle je me sentais perdu, comme un étranger. Mais se trouvait-il dans sa clientèle une seule personne pour connaître et apprécier la beauté du Café Florian, sur la place Saint-Marc, ce cadre où jadis mes ancêtres avaient pris le café avec Lord

Byron ? Une fois cette réminiscence évanouie, je me remis à siroter ma boisson chaude ; une fois de plus, le souvenir de cette première expérience resurgit, de cette soirée à Combray au cours de laquelle on m'avait présenté à Ursula Patrignani, dont le corps souple se ployait avec la grâce d'une *prima ballerina* et que je vis s'incliner avec une sorte de courtoisie parodique pour me tendre une petite coupe de tiramisu ; je ressentis de nouveau le soupçon de vertige que me procurait sa présence tandis que je suivais les mouvements de sa bouche digne d'un Botticelli, trop troublé pour entendre les mots qu'elle prononçait. Mes jambes, flageolantes, me firent perdre l'équilibre comme le balancement d'une gondole alors que nous aurions accosté à un palais vénitien où nous aurions erré en nous donnant le bras à travers une légère brume, jusqu'à une pièce rehaussée par la grâce de la *Fête des dieux* de Bellini. De nouveau la vision s'estompa, et le délabrement des murs vert Nil du palais, les œuvres de maîtres de l'école vénitienne cédèrent bientôt la place aux panneaux rouges et bruns avec leurs photos grandeur nature de jeunes gens vêtus de façon banale, attablés devant leur café. Je craignis que la recette ne m'échappe à tout jamais.

Le crémeux breuvage s'était refroidi ; sa saveur semblait déjà évanouie, et avec elle, hélas, les traces de cette soirée. Toutefois, devinant confusément que ces souvenirs ne s'étaient peut-être pas évanouis pour toujours, mais qu'ils pouvaient, à la manière des âmes des défunts, s'attarder encore parmi nous, je commandai une seconde fois cette boisson laiteuse qui, en d'autres circonstances, m'aurait dégoûté : maintenant je la désirais aussi intensément qu'un élixir de jeunesse capable de remédier en moi au déclin de l'âge. « La même chose, monsieur ? » me demanda la jeune serveuse, ajoutant : « Veuillez m'excuser, mais je vous l'ai malencontreusement servi la première fois avec un peu de sirop d'orgeat. » La malheureuse jeune fille paraissait anxieuse, mais il s'en fallut de peu que, de gratitude, je ne portasse ses blanches mains à mes lèvres ; c'était bien l'identique et douce saveur d'amande qui avait tiré toute cette beauté de son sommeil dans la sombre forêt de la mémoire évanouie, celle qui me rendait l'Amaretto di Saronno auquel j'avais goûté pour la première fois en la compagnie d'Ursula Patrignani à la lueur des réverbères, parmi les chrysanthèmes. En me servant ce qui, pour elle, n'était qu'une seconde tasse de café pareille à la précédente, la jeune fille m'adressa un sourire de circonstance, sans soupçonner à quel point ce précieux liquide était pour moi une potion magique me donnant accès à ma plus intime perception des choses ; la serveuse avait à peine enregistré ma présence puisque je n'appartenais que de façon fugace à son univers, ayant préféré me plonger dans une voie hors d'atteinte pour le profane qui me conduisait à des vérités relevant d'un royaume plus profond que le sien.

Cette fois, je fermai les yeux et aspirai profondément la dernière gorgée au fond de ma tasse, prenant conscience que ce que je recherchais se trouvait moins dans le cappuccino qu'en moi-même. Cette potion encapuchonnée de blanc serait mon sésame pour accéder au monde des morts et m'aiderait à me libérer de l'ancre qui gardait profondément enfouis dans le tréfonds de ma conscience ces souvenirs errants.

À présent, séparés des autres, nous nous mîmes à nous parler, cachés par les chrysanthèmes ; sachant qu'il n'y aurait personne pour me voir me couvrir de ridicule, je rassemblai mon courage, résolu à lui demander de m'épouser séance tenante ; mais au moment même où j'ouvrais la bouche pour parler, elle y porta très doucement une cuillerée de ce délicieux mélange, me réduisant au silence. Jamais auparavant je n'avais accepté d'absorber de la nourriture de cette manière, excepté de la main de ma mère quand il lui arrivait de m'administrer mon médicament avant de me donner le baiser du soir. En avalant cette céleste concoction, je me découvris un courage inconnu ; il me fallait lui faire comprendre ce que j'éprouvais : « Je ressens quelque chose que je n'avais jamais ressenti jusqu'ici », lui dis-je ; mais avant que je pusse poursuivre elle reprit la parole : « Je sais, dit-elle, tout le monde ressent cela la première fois. Le tiramisu du chef est tout simplement sublime ; mon père dit que, grâce à lui, nous avons pu éviter des milliers d'incidents diplomatiques internationaux, autrement dit : sans cela Papa n'aurait jamais pu maintenir la paix en Europe. Madame Verdurin a tout essayé pour obtenir la recette, mais mon père ne veut la communiquer à personne, fût-ce au duc de Milan. »

Mes sentiments pour elle avaient atteint une telle intensité que je sentis ma tête commencer à tourner, et que je me mis à mélanger paroles et pensées, tout en me demandant si je n'avais pas par inadvertance exprimé tout haut ce que je me disais à part moi. Éprouvait-elle quelque chose pour moi ? Trouvait-elle en son cœur de quoi répondre à mes sentiments pour elle ? Malgré moi, un « Il faut que je sache ! » m'échappa. Qu'elle eût réellement mal compris ou que, par coquetterie, elle eût décidé d'interpréter ma question de façon à entretenir le doute qui me torturait et faisait monter en moi une sorte de fièvre, elle me répondit : « Et vous allez savoir. Le chef commence toujours par le café, frais et bon, mais déjà refroidi dans la glace pour éviter que les biscuits de Savoie, ces petits biscuits à tremper qui nous parviennent régulièrement d'Italie, ne ramollissent et ne se désagrègent trop tôt. Il les trempe dans le café en les retournant, avant de les disposer dans le bol pour former la base de son amalgame. Le secret, c'est qu'il coupe toujours le café avec de l'Amaretto, qu'il garde à portée de la main tout au long de cette opération. » À peine pouvais-je tenir en place. « Puis, poursuivit-elle, il prend les œufs et sépare les jaunes des blancs en mélangeant les jaunes avec du sucre pour en tirer une crème mousseuse. Il bat en neige les blancs jusqu'à ce qu'ils soient fermes et forment un cône tout blanc. » Ah ! m'élancer de ce sommet balayé de neige... « Ensuite, il réunit les deux compositions » – ô union bénie – « avant d'amalgamer le mascarpone, avec une touche finale d'Amaretto. Enfin, il étale cette substance crémeuse sur le fond des biscuits de Savoie disposés dans le moule, et continue en faisant alterner les couches jusqu'à l'ultime couche de crème, qu'il saupoudre de cacao répandu à travers un tamis en prenant bien soin de couvrir toute la surface du gâteau. » En entendant ces mots, je reculai, titubant, et m'évanouis.

Quand je repris connaissance, je me découvris dans mon lit à Combray, ma mère s'efforçant de me réveiller en me secouant par une épaule. Au contact de sa main, je levai les yeux. « Désolée, monsieur, mais est-ce que cela vous ennuierait de vous déplacer vers une table plus petite ? » Dans l'embrasure de la porte, un groupe de jeunes mères, qui faisaient la queue avec leurs poussettes, me dévisageait. Sur la table, il n'y avait plus que ma tasse, qui était vide. Je me levai et ressortis me perdre dans l'animation de ce boulevard parisien.

Traduit par Alain Malraux

Poulet vietnamien

à la Graham Greene

½ cuillerée à café de zestes de citron en poudre
3 gousses d'ail • 2 cuillerées à soupe de sauce au poisson
1 cuillerée à soupe de sauce de soja
1 cuillerée à café de poivre noir finement moulu
⅛ de cuillerée à café de poivre de Cayenne
2 cuisses de poulet désossées
2 cuillerées à soupe de sherry sec
2 cuillerées à soupe de jus de citron
2 cuillerées à soupe d'huile d'arachide
1 cuillerée à café de mélasse

Une recette n'a ni commencement ni fin : on décide arbitrairement à partir de quand les instructions culinaires deviennent absolument nécessaires – entre le moment où le boucher fait son office et celui où les convives, n'obéissant qu'à leur caprice, choisissent eux-mêmes l'assaisonnement du plat qui leur est servi. Pour ma part, l'instant fatal fut celui où, mon regard se posant sur le contenu du réfrigérateur, j'ai été attiré irrésistiblement par la blancheur des cuisses du poulet. Tandis que je contemplais ces membres dénudés, une vive douleur a irradié ma pauvre tête de part en part. Les cloches de l'église annonçant la prière du soir résonnaient par-dessus le pré communal, alors que je sirotais avec mélancolie un gin tonic. Le tonic était vieux et totalement éventé, son amertume s'était accrue, mais je n'avais plus le temps de partir en quête de liquide frais. La pluie tambourinait à la fenêtre et le robinet fuyait dans l'évier sans que je puisse y remédier.

Mes mains poisseuses conservaient l'entêtante odeur d'ail réduit en bouillie, après que j'eus mélangé celui-ci aux zestes de citron et à la sauce au poisson et au soja, ainsi qu'au poivre noir et de Cayenne. Les cuisses du poulet reposaient sur le plan de travail et mes mains s'en approchèrent, comme mues par une force irrépressible. Il était trop tard pour faire machine arrière ; elle ne tarderait plus à être là.

Obéissant au rituel, je découpai les cuisses en minces tranches. La chair livide reposait dans l'assiette telles d'innocentes reliques d'un désolant contrat d'union, aussi m'empressai-je de les jeter dans la marinade. La sauce au poisson et au soja se répandit en éclaboussures sur la viande, pareilles à des taches d'encre. Je recouvris la préparation et allai la mettre au réfrigérateur. Il m'aurait encore fallu deux bonnes heures pour la laisser reposer pleinement, mais une heure et demie devait au moins permettre à la viande de s'imprégner. Je me promis de faire mieux à l'avenir.

Tandis que la chair marinait dans l'obscurité froide, je mélangeai le sherry à la mélasse et au jus de citron. Je me versai une nouvelle rasade de gin et mis la radio. Une lecture succéda à la retransmission d'une chorale. Psaume 51. J'éteignis le poste, mais comme je connaissais par cœur le contenu du psaume, la triste mélopée de celui-ci se poursuivit dans ma tête en silence. Pendant ce

Car je reconnais mes torts, j'ai toujours mon péché devant moi.

temps, je faisais chauffer l'huile dans le wok jusqu'à ce qu'il s'en dégage une légère fumée.

Je retirai la préparation des entrailles du réfrigérateur et en jetai chaque composante, l'une après l'autre, dans l'huile bouillante, en les retournant à l'aide d'une fourchette. Lorsque le poulet me parut à point, j'y ajoutai la sauce au sherry ; en prenant de la consistance, le sirupeux liquide offrait un surprenant contraste avec la pâleur du riz cuit à l'étuvée qui devait être servi avec. J'avais omis de me protéger d'un tablier, et, tandis que je malaxais les ingrédients avec de plus en plus d'ardeur, cette riche concoction éclaboussa ma chemise blanche.

J'eus beau m'évertuer à effacer les traces de souillure à l'aide d'un torchon, elles ne firent que s'élargir. Je me mis alors à jurer avec fureur : « Maudit soit... », mais avant que j'aie pu poursuivre, on frappa plusieurs coups à la porte.

Traduit par François Rivière

Sole à la dieppoise

à la Jorge Luis Borges

2 filets de sole • ½ l de moules
100 g de petits champignons de Paris
50 g de beurre • 125 ml de vin blanc • ½ citron
1 cuillerée à soupe de farine

L'histoire que je vais vous raconter concerne un incident qui a eu lieu à Londres, au début de l'année 1944. Bien que son protagoniste ait été considéré comme un héros par les deux belligérants, les conséquences de son acte ne favorisèrent que l'un d'eux et précipitèrent la chute d'un tyran à l'appétit insatiable et dont l'invincibilité n'était qu'illusoire.

Au début de la Seconde Guerre mondiale, craignant une invasion, les Anglais retirèrent tous les panneaux de signalisation de leurs routes nationales. Ainsi, espions et envahisseurs se perdraient dans l'infini labyrinthe des courbes celtiques constituant le plus gros du réseau routier britannique. Il incomba à un certain Sir Henry Smith de superviser ce délicat projet. Inspiré par l'initiative britannique, M. Amadée Antonin, un restaurateur parisien, fit disparaître sur les menus de son petit établissement tous les noms de lieux de tous les plats. Pendant un temps, les officiers allemands venus dîner dans le restaurant d'Antonin, contraints de circuler dans une carte muette, ressemblèrent à des passants attardés égarés dans un lacis de petites rues dont les plaques auraient été effacées. Ainsi, la Langouste à la bordelaise ou le Homard à la parisienne n'offrait à l'hôte dépité aucune indication quant à la destinée des infortunés décapodes ; quant au Paris-Brest, il ne pouvait guère être commandé que par une personne dont la familiarité avec le menu remontait à sa plus tendre enfance.

C'est dans le vieux salon de thé Aguila que je tombai pour la première fois sur l'histoire de Sir Henry Smith. Un entrefilet dans le journal de Buenos Aires, *Carne y Produccion*, mentionnait la date anniversaire de sa mort et donnait quelques brefs détails sur sa biographie. Plus tard, lors d'un voyage de conférences en Allemagne, je tombai par hasard sur un autre rapport concernant toujours Sir Henry Smith, à moins qu'il ne s'agisse d'un autre Sir Henry Smith. C'est ici que l'histoire devient plus complexe et plus profonde aussi. L'article, intitulé « Le chevalier-espion du Reich », faisait référence à des documents émanant du gouvernement anglais en temps de guerre et qui n'avaient été rendus publics que récemment. À ma grande stupeur, on y révélait que Sir Henry Smith était ni plus ni moins que l'agent le plus haut placé de l'intelligence allemande durant la Seconde Guerre mondiale.

Ma tournée de conférences se poursuivant, je me trouvai bientôt en Angleterre où j'occupai beaucoup de mon temps libre à faire des recherches sur l'étrange histoire de Sir Henry. À force de patience, je finis par découvrir son journal intime, abandonné miraculeusement avec d'autres papiers sans utilité dans une boîte, archivée et

soigneusement numérotée, recouverte d'une épaisse couche de poussière. J'y trouvai, rédigé de sa propre main, dans l'écriture cunéiforme que lui avait apprise le professeur Woolley dont il avait été l'assistant à Ur la sumérienne, le récit de sa vie. Fidèle aux faits, lorsque ceux-ci étaient avérés, je parvins à reconstituer le tableau presque complet de ses dernières heures. À quelques détails près, volontairement changés par mes soins, voici son histoire.

Le 2 mars 1944, à treize heures précises, Sir Henry Smith s'engagea d'un pas assuré dans Great College Street. Avant que le carillon de Big Ben ne s'évanouisse dans l'air, il se souvint tout à coup de la note qu'on venait de lui remettre alors qu'il quittait la Chambre des communes. Il déplia le petit papier : une seule ligne occupait le centre de la page. Sur le point de défaillir, refusant l'aide d'un passant, il dut s'appuyer contre le mur. Le billet émanait de son contact, l'agent 42, lequel, ces derniers temps, l'avait incité à faire particulièrement attention à toute information qui aurait indiqué le lieu d'une probable invasion alliée en France.

La capture imminente de l'agent 42 entraînerait inévitablement l'arrestation de Sir Henry et donc son exécution. Durant les quelques minutes nécessaires à son retour chez lui, et parmi les infinies possibilités offertes à son entendement, Sir Henry décida de son plan d'action. Il prit un petit volume sur l'étagère de la cuisine et, de son regard glacé, commença de consulter la table des matières : Cabillaud à l'anglaise, Morue à la provençale,

Langouste à la bordelaise, Soupe de poissons à la nîmoise, enfin : Sole à la dieppoise. Satisfait, Sir Henry griffonna un mot qu'il donna, agrémenté d'un gros pourboire, à la concierge, dans lequel il lui demandait d'aller chercher chez le poissonnier un demi-litre de moules et une sole qui ne devait en aucun cas être découpée en filets.

Soulagé comme un meurtrier qui s'est fait arrêter, Sir Henry s'assit sur le canapé près de la bibliothèque. Il ouvrit un livre au hasard et se plongea dans sa lecture. Les pages contaient l'histoire d'Astyages, dont la *numina* l'avait appelé à régner sur la Perse et qui avait atteint son invincible objectif grâce aux mages qui avaient interprété ses rêves. Sur leurs conseils, Astyages avait ordonné la mort de Cyrus, son petit-fils. Chargé de la besogne, le général Harpagus désobéit à son roi. Furieux, Astyages égorgea le fils de ce dernier et le servit en pâté au père *nescient*. À la fin du repas, il fit apporter à la table la tête et les mains du garçon. Harpagus, ne laissant transparaître aucune émotion, fit parvenir à Cyrus un message caché dans l'estomac d'un lièvre rôti, dans lequel il lui promettait son entier dévouement le jour où il souhaiterait renverser le tyran. Craignant d'être découvert, Harpagus lui fit parvenir un second message, dissimulé dans la carcasse bouillie d'une tortue, et préconisant cette fois la plus grande célérité dans l'exécution de leur projet. Cette seconde missive, arrivée avant la première, donna naissance au récit apocryphe du fabuliste grec.

Gagné par la fatigue, sentant le poids du livre

dans ses mains, Sir Henry sombra dans le sommeil. Le même rêve que celui qui s'était manifesté à plusieurs reprises les derniers mois revint le visiter. Il se retrouva une nouvelle fois dans un vaste labyrinthe, observé depuis une tour par son créateur, tandis qu'il courait à travers de verts corridors gorgés d'eau de pluie, essayant en vain de prendre une direction susceptible de le dissimuler ou de jouer un coup imprévisible qui lui rendrait sa liberté. Sir Henry fut réveillé par la concierge dont l'expédition chez le poissonnier avait été un franc succès. Après avoir pris congé du ministre, la concierge le laissa donc en compagnie de son demi-litre de moules et d'une sole, dont l'arête tenait encore fermement à la chair.

Sir Henry, qui n'était ni un cuisinier accompli ni un piscivore averti, s'enorgueillissait en revanche, en digne serviteur loyal, de savoir suivre des instructions à la lettre. Après avoir ouvert le livre de recettes, il entreprit de nettoyer les moules puis, tandis qu'il les laissait reposer dans un bol d'eau fraîche, il téléphona à un journaliste du *Times*. Les rapports de l'enquête affirment que le journaliste accepta de se rendre à l'appartement de Sir Henry à vingt heures, le soir même, sur la promesse que le ministre lui ferait des révélations exploitables. Sir Henry assaisonna la sole avec du sel et du poivre, et la plaça dans un plat allant au four. Le soleil était alors descendu derrière la ligne des toits. Par la fenêtre, Sir Henry pouvait apercevoir la tour de l'abbaye de Westminster. La lumière du gaz prit le relais de celle du prodigue coucher de soleil et illumina l'irréméable visage de Sir Henry. Il égoutta les moules et les couvrit de nouveau avec l'eau fraîche si étrangère à leur nature profonde, renonçant à toutes celles qui, irrécupérables, ne se fermaient pas lorsqu'il les tapotait. Il fit revenir des champignons dans un doigt de beurre, y ajoutant le jus d'un citron et couvrant la poêle pour préserver les sucs. Pendant ce temps il égoutta de nouveau les mollusques et plaça la poêle, couverte, sur un feu doux, la secouant délicatement jusqu'à ce que tous les bivalves soient ouverts, éliminant encore tous ceux qui ne se conformaient pas à la loi commune. Sir Henry versa le liquide obtenu dans un bol, et retira les moules de leurs coquilles. Les champignons étant prêts, il versa la sauce ainsi mijotée dans la poêle sur la sole, puis ajouta un verre de vin blanc et le jus des moules, de manière qu'il y ait juste assez de liquide pour recouvrir le poisson.

Parmi les livres de sa bibliothèque que Sir Henry n'avait pas encore lus, se trouvait le *Traité sur l'ascétisme* d'Augustine de Trieste. Mise en présence d'un plat de poisson, Augustine se lance dans une argumentation philosophique contre l'homme carnivore. Une fois mangé, le poisson se transsubstantierait en la chair du mangeur frappé d'anathème. Augustine est on ne peut plus clair : le poisson étant l'ancêtre de l'être humain, le consommer relève ni plus ni moins que du cannibalisme. Sir Henry amena le liquide jusqu'au point d'ébullition et pocha la sole en vertu d'une exigeante exactitude chronométrique. Au terme de la huitième minute, Sir Henry retira la sole du liquide frémissant et la plaça sur un plat préalablement chauffé. Disposant délicatement autour du poisson les moules et les champignons rissolés, il tint l'ensemble au chaud pendant qu'il réduisait le jus en le laissant bouillir pendant exactement trois minutes et trente secondes. Pendant ce temps, Sir Henry facilita la collaboration du beurre restant avec la farine qu'il intégra progressivement dans le liquide, remuant continuellement jusqu'à ce que la sauce épaississe. Il pensa aux infinies combinaisons contenues dans ces quelques ingrédients et à une éventuelle classification de l'art culinaire comme branche des mathématiques, rejetant rapidement cette hypothèse au profit de la gastronomie considérée en tant que langage. Il versa la sauce sur le poisson et mit le plat sous un gril quelques instants à dorer, avant de le servir avec une purée de pommes de terre.

Le débat concernant les véritables ingrédients employés est de nature dialectique. Le livre de recettes utilisé par Sir Henry disparut au cours de l'enquête, mais il est probable que son édition soit celle de 1921, frauduleusement remise à jour, et connue sous le nom de *366 menus du baron Brisse*. D'après les dépositions de la concierge et du journaliste, je pense avoir reconstitué avec l'exactitude requise la fameuse recette.

Sir Henry se versa un verre de vin blanc pour accompagner son repas, déverrouilla la porte d'entrée et s'assit à sa table. Alors que le firmament s'assombrissait et que l'abbaye se désagrégeait dans l'obscurité, il conjectura qu'il n'aurait pas l'honneur de devoir faire face à l'opprobre de ses compatriotes. Tandis que la pendule sonnait l'heure, on put entendre le carillon de Big Ben. Se rappelant les soirées d'autrefois, Sir Henry fit une courte prière avant de commencer son dîner lustral.

Le même soir, le journaliste venu lui rendre visite retrouva sa mince et athlétique silhouette affalée en travers du tapis, les bras grands ouverts. Sur la table se trouvaient les reliefs d'un repas et un livre de recettes ouvert. Le lendemain, le *Times*, dans son édition du soir, titrait sur quatre colonnes à la une : UN MINISTRE RETROUVÉ MORT. Le journaliste, après avoir mentionné le nom du dernier plat dégusté par le ministre, notait un détail d'importance : le gosier de Sir Henry avait été lacéré par des arêtes de poisson tandis qu'il mourait étouffé. Cinq jours plus tard, alors qu'un régiment d'infanterie allemand était déplacé des côtes normandes jusqu'à une position défensive dans les environs de Dieppe, les premières notices nécrologiques paraissaient, rendant un chaleureux hommage à Sir Henry Smith.

Traduit par Gérard de Cortanze et Patricia Reznikov

Pain grillé au fromage

à la Harold Pinter

1 ciabatta • 1 aubergine
huile d'olive extra-vierge pesto
200 g de mozzarella
2 petites cuillerées d'origan frais haché

ACTE I

Une cuisine, encombrée. Un tube fluorescent clignote sans pouvoir s'allumer. Sous une fenêtre, un évier, plein de vaisselle sale. Une poubelle débordant de détritus ; des bouteilles vides posées à côté. Il y a une petite table de cuisine ; des journaux et des lettres non ouvertes en jonchent la surface. Deux chaises sont autour de la table. On entend un bruit de clé à la porte et des voix étouffées. La porte s'ouvre en claquant ; aussitôt HURLEY, *jeune homme vêtu d'une veste de cuir, et* CLACK, *homme mûr à l'allure de clochard, entrent, à gauche de la scène.*

HURLEY : Entre, fais comme chez toi.
(CLACK *entre et regarde autour de lui.)*
Putain de lumière. Je m'étais bien dit que je devais remplacer le tube.
(HURLEY *va taper du doigt le tube jusqu'à ce qu'il cesse de clignoter.)*
Je vais te faire quelque chose à manger.

CLACK : Je n'ai encore rien mangé aujourd'hui. Je ne sais plus depuis quand je n'ai fait un vrai repas. Je veux dire, un vrai repas à table, avec un plat chaud.

HURLEY *(regardant dans le frigo)* : Tu veux utiliser le téléphone ? Appeler ta fille ?

CLACK : Quoi, à cette heure ? J'appellerai demain. Elle ne voudra pas venir ici ce soir, elle commence tôt demain.

HURLEY : Je n'ai pas grand-chose à te proposer. Il y a un temps fou que je n'ai pas fait les courses. Ça te dirait, du pain au fromage au gril ?

CLACK : Quel genre de fromage ?

HURLEY : Mozzarella.

CLACK : Mozza quoi ?

HURLEY : Mozzarella. C'est italien.

CLACK : Non merci, pas pour moi. Mais je prendrais bien du pain grillé.

Pause.

HURLEY : Il faudra que je nettoie ce gril un de ces jours.

(Il tient un gril couvert de croûtes de fromage cuit. Il coupe en deux une ciabatta, dans le sens de la longueur. Puis il tranche finement une aubergine et il jette les morceaux dans une poêle où chauffe de l'huile.)

CLACK : C'est pas mal, chez toi. Ça t'appartient, non ?

Pause.

Ça doit valoir un joli paquet. Ça fait combien de temps que tu es ici ?

HURLEY : Je sais pas... trois ans, peut-être.

CLACK : Ça a dû prendre de la valeur, non ?

*(*HURLEY *met la ciabatta sur le gril.)*

C'est gros, pour du pain grillé...

HURLEY : C'est de la ciabatta.

CLACK : Cia quoi ?
HURLEY : Ciabatta. C'est du pain italien.
CLACK : Tu es italien, toi ?
HURLEY : Tout le monde mange italien aujourd'hui : ciabatta, focaccia, schiacciata, panini.
CLACK : Tu peux pas m'en mettre juste deux tranches dans le grille-pain ?
HURLEY : Le grille-pain est fichu.
Pause.
J'aimerais avoir un petit troquet italien un de ces jours. Rien de compliqué, remarque. Seulement des casse-croûte : panini, ciabatta, focaccia, bruschetta. Menu de pâtes, spaghetti, penne, rigatoni. Sauces basiques, pesto, bolognaise, arrabiata. Plats classiques : carpaccio de thon nappé à l'huile de truffe, filet de bœuf sur lit d'épinards fatigués dans leur jus. Tu veux une tasse de thé avec ça ?
CLACK : Ah, voilà qui est parler. Oui, une bonne tasse de thé.
HURLEY : Tu es déjà allé en Italie ? J'ai connu un type là-bas autrefois, un peu comme toi. C'était il y a des années. Il est probablement mort maintenant.
(Il sort les aubergines de la poêle. La chair a absorbé l'huile. Elle est d'une couleur dorée avec des striures sombres faites par les bords de l'ustensile. La ciabatta est chaude maintenant. Il étale une fine couche de pesto sur le côté tranché.)
Où est-ce qu'elle habite, ta fille ?
CLACK : Ma quoi ?
HURLEY : Ta fille. Celle qui était censée t'attendre à la gare.

CLACK : Oh, elle.

Pause.

Elle vit à Catford.

HURLEY : Catford ? J'allais aux lévriers là-bas. Je me souviens d'un soir où ça marchait bien, j'avais parié sur presque tous les gagnants, quand j'ai misé le tout sur la dernière course. Je faisais un pronostic, le deux et le quatre. Je ne sais pas pourquoi, j'ai presque toujours gagné sur le deux et le quatre. Mais cette fois non. C'était le quatre et le deux. Et j'ai tout perdu. Tu joues, toi ?

CLACK : Quoi, claquer mon fric comme ça ? Merci bien, pas moi.

(Pause pendant qu'il baisse les yeux vers ses genoux.)

Tu n'aurais pas une épingle de nourrice, par hasard ?

*(*HURLEY *étale les morceaux d'aubergine sur les tranches de ciabatta au pesto et se met à couper la mozzarella.)*

HURLEY : Tu pourras appeler ta fille demain matin. Je vais te préparer un lit là-haut.

CLACK : Elle travaille le matin, je t'ai dit.

HURLEY : Tu aimes l'huile d'olive ?

(Il étale la mozzarella sur les aubergines, répand dessus de l'huile d'olive et saupoudre le tout d'origan haché, avant de placer la ciabatta sous le gril du four.)

CLACK : Je veux pas de cette tambouille étrangère.

HURLEY : Pas d'huile d'olive ? C'est bon pour toi.

CLACK : C'est bon pour se curer les oreilles, non ?

HURLEY *(jetant un sachet de thé dans la poubelle débordante)* : Tiens, voilà ta tasse de thé.

CLACK *(avec un soupir de contentement)* : Rien ne vaut une bonne tasse de thé.

(Il prend une gorgée et fait une grimace.)

T'as pas du sucre ?

HURLEY : Là-bas, sur la table. Je n'en prends pas souvent.

(Le sucre s'est coagulé. CLACK *le racle avec une cuiller pour en mettre dans son thé. Il vérifie que c'est assez sucré. On entend un grésillement dans le four.* HURLEY *attend que la mozzarella soit dorée.)*

HURLEY : Et voilà. C'est prêt.

(Il coupe en morceaux les deux tranches de ciabatta.)

Tu vas goûter, non ?

CLACK : Sûrement pas. C'est pas fait pour un type comme moi.

*(*HURLEY *pose sur la table l'assiette de ciabatta.)*

Ça n'a pas l'air mauvais, remarque. Je te l'accorde. C'est...

Pause.

Bien présenté. C'est ça, c'est bien présenté.

HURLEY : J'aurais fait une garniture de salade, avec quelques feuilles de basilic frais, si j'en avais eu.

CLACK : Ça n'a pas l'air mal du tout.

Pause.

Je vais juste goûter.

(Il prend un morceau et mord dedans. La mozzarella colle à sa barbe en longues traînées. Son visage s'illumine de surprise.)

C'est pas mauvais, vraiment pas mauvais. Je crois que tu pourrais te lancer avec ton resto.

Il prend un deuxième morceau. HURLEY *mange déjà.*

Les deux hommes gardent le silence, en sirotant du thé.
Le tube fluorescent se remet à clignoter, mais cette fois HURLEY *n'y fait pas attention.*
La lumière s'estompe lentement.

Rideau.

Traduit par Jean Pavans

Rösti

à la Thomas Mann

3 grosses pommes de terre râpées • 1 oignon émincé
100 g de fromage de gruyère ou d'emmental
80 g de beurre
sel et poivre à volonté

Von Rohrbach éprouvait une étrange baisse de vitalité et fut soulagé de reprendre des forces à l'intérieur de l'établissement climatisé. Au-dehors, l'atmosphère fétide se faisait oppressante et, craignant pour sa santé, l'artiste reconnaissant battit en retraite dans l'agréable salle à manger. La promenade matinale avait été trop ambitieuse et, à présent qu'il était au repos, il prenait conscience de son souffle court et du sang qui martelait ses tempes. Sa poitrine se serra lorsqu'il se rappela les émanations nocives de la circulation de midi. Il décida d'éviter dorénavant les voyages à l'étranger à des périodes qui pourraient s'avérer néfastes pour sa santé.

Le restaurant était bien éclairé, élégant et confortable. Sentant ralentir le rythme de son pouls, Von Rohrbach commanda un verre de Gruaud Larose, s'installa à son aise sur la chaise à haut dossier et observa la société alentour. On servait maintenant le déjeuner et une file d'attente se formait à l'entrée. Von Rohrbach avisa le garçon obséquieux qui posait le verre devant lui. De la tunique de lin blanc déboutonnée au col se dégageait une pomme d'Adam démesurée. Le garçon, de constitution fragile, était grand et maigre. Son attitude servile produisit une impression déplaisante sur le convive solitaire auquel il tendit un volume relié. Il s'agissait apparemment de la carte, mais, comparée à elle, toutes les autres cartes qu'il avait pu consulter n'étaient que de vagues ébauches. C'était une carte dépourvue de toute considération pour le consommateur pressé, pour l'aventurier en quête de surprises, une carte qui par son envergure et son intention manifeste d'éviter toute possibilité de malentendu ressemblait au traité de Versailles.

Toute sa vie, Von Rohrbach avait souffert d'une névralgie au plexus solaire qui l'avait affecté dès sa plus tendre enfance et qui l'incitait à présent à feuilleter les pages concernant les plats de viande de bœuf, de porc, de gibier qui pourraient intensifier ses énergies émotionnelles et faire affluer le sang de ses poumons vers le cœur. La teinte ivoire du papier l'apaisa tandis qu'il s'attardait sur la liste des mets exotiques. « Truite à la façon de Pondichéry. » Jamais il n'était allé en Inde. Les voyages entrepris dans sa jeunesse avaient depuis longtemps cédé le pas à la sainte et austère servitude du travail qui, ces dernières années, lui avait valu sa part d'honneurs. Car c'était lui qui avait rendu à la peinture sa suprématie sur tous les autres arts plastiques, lui qui avait répudié le modernisme et rallumé la flamme de l'art allemand. Son esprit se laissa envoûter par la description sur la carte et une vision surgit devant ses yeux. Comme dans un tableau,

il distingua un groupe de pêcheurs revenant du fleuve, une épaisse mangrove de palétuviers, leurs hautes racines dénudées plongeant dans le courant agité par la marée, des filets chargés de leur prise exotique – crevettes géantes aux yeux globuleux, poissons volants touchant terre, araignées de mer à l'armure préhistorique –, des pêcheurs heureux et confiants, tandis que, tapi entre les cannes noueuses d'un fourré de bambous, un tigre les fixait de ses prunelles étincelantes. Pris de vertige, le corps trempé de sueur, Von Rohrbach pressentit le danger et referma la carte. Le garçon, dont les traits anguleux étaient accentués par ses cheveux ramenés en arrière, s'enquit auprès du convive : « Avez-vous fait votre choix, monsieur ? » Un geste de la main suffit pour décourager l'homme onctueux qui s'éloigna avec force courbettes.

L'élégante salle à manger se remplit peu à peu et le convive solitaire interrompit sa lecture pour jouir du spectacle qui s'offrait à lui. Le complet-veston, uniforme consacré par les mœurs, ramenait extérieurement les divergences de l'humanité à une unité relative, mais on entendait parler ici les principales langues d'Europe. À la table voisine, on servait une dame polonaise et ses enfants. Alors qu'ils s'apprêtaient à manger, Von Rohrbach aperçut le légume servi en garniture, un rösti, plat fort apprécié en Suisse. Le rösti, dont la forme évoquait une sublime œuvre d'art – pomme de terre râpée, revenue à la poêle, tel un disque de boucles blondes comme le miel, au centre dense et fier, doré, aux bords plus sombres, effilochés comme la circonférence du soleil –, était d'une beauté si parfaite que notre convive en fut remué jusqu'en ses entrailles. Le bel adolescent leva sa fourchette et son couteau et, ce faisant, remarqua l'attention dont il était l'objet. Ses yeux, qui avaient l'étrange couleur grise du crépuscule, rencontrèrent ceux de l'artiste, lequel constata non sans émoi que son intérêt était perçu et bienvenu. L'adolescent plongea le couteau au centre du disque doré, qui s'affaissa doucement ; l'artiste, qui le fixa d'un regard enfiévré, en éprouva un véritable enchantement. Sans la moindre discrétion, il suivit des yeux chaque bouchée et constata avec plaisir que l'adolescent ne le trahissait pas. Le rösti lui rappela une forme et une couleur de son enfance qu'il ne parvint pas à situer, la masse dorée délicatement rehaussée par la porcelaine de Saxe céladon et reflétée par le couvert étincelant, tel Narcisse se mirant dans la fontaine.

Le temps, qui jusqu'alors s'était écoulé à un rythme imperceptible, s'accélérait à présent et ce fut avec un pincement de regret que Von Rohrbach vit l'éphèbe engloutir les dernières bouchées. S'interdisant d'entrevoir l'empreinte du résidu graisseux sur l'assiette, l'artiste détourna les yeux par une sorte de délicatesse tenant de la pudeur.

Le maître tenta de capter le regard du serveur. Une fois encore le temps ralentit et Von Rohrbach craignit que, dans les cuisines, les réserves de tubercule tentateur ne fussent épuisées. Il but une gorgée de Gruaud Larose et parvint enfin à attirer l'attention d'un garçon, homme aux traits grossiers dont les lèvres se retroussèrent en un sourire.

« Je prendrai le rösti.
— Parfait, monsieur, c'est une spécialité de la maison. Puis-je vous recommander également la blanquette de veau ? »

Soupçonnant le garçon de vouloir arrondir son pourboire, Von Rohrbach refusa. « Juste le rösti... et un autre verre de Gruaud Larose. »

De nouveau il regarda en direction de l'adolescent, lequel conversait à présent avec sa sœur. Le temps s'étirait péniblement pour l'artiste, chef de file du mouvement expressionniste romantique, à qui l'on devait l'œuvre tant acclamée *Vainqueur et vaincu,* et dont chaque tableau était déjà vendu avant que la toile ne fût sèche. Il était donc assis là, ses paupières mi-closes trahissant le vaniteux refus de porter des lunettes. Il observa les portes des cuisines. Des garçons disparaissant avec des assiettes vides réapparurent du sanctuaire les bras chargés d'offrandes, simples prêtres messagers d'un oracle invisible aux fidèles du temple, ces fervents adeptes parvenus jusqu'aux brasiers depuis lesquels les victimes adressaient leurs signaux ardents aux dieux. Un garçon émergea dans la lumière, poussant une table roulante avec chauffe-plats, semblable à Hélios, le dieu du soleil conduisant son char dans le firmament du restaurant, flamboyant météore qui attisa l'appétit de l'artiste. Enfin devant le nouveau disciple impatient d'être initié fut déposé le plat doré, nœud gordien qui ne pouvait être tranché que par le glaive.

Ébloui et captivé, il saisit la lame étincelante, dans

laquelle se mirait la multitude des convives, et il rompit le disque. À la première bouchée, ses yeux rencontrèrent les yeux de l'adolescent, à l'étrange couleur crépusculaire, qui de nouveau le troublèrent et le surprirent ; quelque chose entre le pacte et la promesse avait été échangé avec le jeune pèlerin qui l'avait mené des ténèbres vers la lumière. La sensation était incontestable : la galette contenait du fromage – non pas un produit issu de la basse vallée mais plutôt venu des hauteurs, celles habitées par l'aigle – un gruyère peut-être ou un emmental. Mais voici que d'autres saveurs apparaissaient ; le sacré se mêlait au profane, le goût plus humble de l'oignon allié au fruit du nouveau monde. De même que le maître mélange les couleurs sur sa palette, ajoutant une touche d'ocre, un soupçon de vermillon jusqu'à ce que le dosage soit juste et que l'œuvre prenne vie, de même chaque ingrédient avait été râpé cru et généreusement relevé. On avait épargné au tubercule l'épreuve de la cuisson à l'eau avant de le râper et de le frire. Ces copeaux de pomme de terre, si naturels et pourtant si mystérieux, liant inextricablement leur sort à celui de l'oignon émincé et du fromage râpé, s'étaient élevés du monde souterrain vers le monde divin. Cette sainte trinité avait affronté de conserve la chaleur de la poêle, cuit à petit feu dans le beurre sous le couvercle, jusqu'à ce qu'elle soit dorée sur les deux faces. Ensorcelé, Von Rohrbach acheva son festin, jouissant des derniers instants précieux, puis ses lèvres flasques formulèrent les variations possibles : « Faire revenir l'oignon d'abord ; ajouter des lardons ; remplacer le gruyère par du gorgonzola. » Les yeux de Von Rohrbach roulèrent de bas en haut, de gauche à droite, comme en quête de quelque chose qui ne pouvait être savouré que de l'intérieur. Son comportement étrange n'échappa guère au maître d'hôtel qui chargea un garçon de lui apporter la note ; on avait déjà vu des clients partir pour le sanatorium, mais cela n'était pas très bon pour la réputation de l'établissement. Tandis que deux membres du personnel raccompagnaient l'artiste chancelant jusqu'à la rue, un garçon ôta l'assiette sale et remit le couvert.

Traduit par Anne Freyer-Mauthner

Tarte à l'oignon

à la Geoffrey Chaucer

225 g de pâte brisée
1 cuillerée à soupe de thym frais haché
25 g de beurre • 2 cuillerées à soupe d'huile d'olive
8 oignons coupés en fines tranches • sel et poivre noir
2 cuillerées à café de sucre en poudre
¼ de cuillerée à café de muscade râpée,
idem de gingembre moulu
2 œufs, plus 2 jaunes • 40 cl de crème épaisse
une grosse pincée de safran

Alors parla notre Aubergiste et guide :
« Or avons-nous pour l'heure ouï chacun
De notre groupe conter recette – sauf un.
Maître Graham – c'est de notoriété –
Aime évoquer douteuse société.
Toi, dame de Bloomsbury et haute classe,
Point n'hésitas à prendre ici ta place :
Que ton monologue intérieur fleurisse,
Et pour vos clafoutis, Dieu vous bénisse !
Toi, scribouillard de Prague, oublie tes grimoires,
Plus question d'Ovide, nous parlons bouilloires.
Nos *Métamorphoses* sont de gastronomie :
D'un chaos d'ingrédients créons la vie.
Quand nos conteurs consacrent leur talent
À l'Ars Culinaria comme en cet instant
Nos âmes de chrétiens sont satisfaites
Ainsi que nos ventres, et nos assiettes.
Mais toi, Messire le Contrôleur des Douanes,

Qui as tout enregistré dans ton crâne,
Dis-nous un bon plat si tu es en veine
Car il est temps que tu entres en scène. »
« Avec plaisir, dit-il.
Je sais, bien sûr, faire rôtir, bouillir, frire
Mais rien ne vaut une bonne tourte, sans rire.
Aussi vais-je vous conter de mon mieux
De quoi vous satisfaire, jeunes et vieux.
Adonc oyez ce que je vais vous dire.

Ici commence la recette du Contrôleur des Douanes :
Sur planchette enfarinée, amincissez la pâte,
Jetez-y du thym, tapissez la tourtière sans hâte,
Égalisez les bords à l'aide d'un couteau,
Puis mettez au four, le feu pas trop haut.
Faites fondre le beurre avec l'huile en cercle
Dans une casserole munie de couvercle,
Ajoutez ensuite les tranches d'oignons
Et jetez-y sucre et sel à l'unisson.
Couvrez la casserole sur un feu très bas.
Remuez pour que cela n'attache pas.
Ôtez le couvercle, laissez bouillonner
Pour réduire la sauce et l'opacifier.
Saupoudrez de muscade, en gardant un peu,
Et de gingembre, puis remettez au feu.
Battez les œufs et les jaunes sans histoire,
Assaisonnez avec sel et poivre noir.
Faites tiédir crème et safran ensemble
Ajoutez les œufs pour faire un bon mélange.
Versez la sauce aux oignons dans la tarte
Puis les œufs ainsi que la custard.
Mettez au four xxv minutes comptées

GALFRI
AUCER

Jusqu'à ce que la tarte soit bien dorée. »
« Oui da, dit notre Hôte, que Dieu vous bénisse !
Vous nous avez présenté un délice,
Expert que vous êtes en art culinaire,
Et votre prestation avait bel air.
Bien sûr, ami, les astuces de traiteurs
Ont été déjà dites par nos prédécesseurs
Mais le style du diseur est la vraie création
Alors qu'on oubliera sa profession.
Ton hôtel des douanes a des stocks d'étrange
beauté :
Avec des contes de pèlerins tu seras payé.

Ici se termine la recette du Contrôleur de Londres.

Traduit par André Crépin

À la manière de Bob Kane

PATRICK RAYNAL

Né à Paris en 1946, Patrick Raynal, après des études pour le moins chaotiques, milite successivement de 1967 à 1972 au PCF, à l'UJCML et à la Gauche prolétarienne. Il obtient une maîtrise de lettres en 1970 et se fait virer de la fac de Nice après une condamnation à six mois de prison avec sursis. De petits boulots en grandes galères, il devient chroniqueur littéraire à *Nice-Matin* puis au *Monde des Livres*. Lui-même auteur de romans noirs, il dirige la Série Noire chez Gallimard de 1991 à 2004, ou il crée également la collection « La Noire ». En novembre 2004, il quitte Gallimard pour diriger, aux éditions Fayard, la collection Fayard Noir.

À la manière de Thomas Rowlandson

GENEVIÈVE BRISAC

C'est Vladimir Nabokov qui rapprocha Geneviève Brisac de Jane Austen. Il en fit en effet, dans un essai célèbre, le parangon d'une littérature féminine ennuyeuse, intimiste et sans envergure. De la dentelle, pouah, déclarait-il en substance. Elle lut *Emma* avec passion et découvrit une de ces écrivains qui, comme Virginia Woolf ou Karen Blixen, nous rappellent que l'humour, l'intelligence, la radicalité et le génie sont, plus souvent que l'Académie ne le donne à penser, du côté des femmes. Geneviève Brisac est l'auteur de sept romans, parmi lesquels *Week-end de chasse à la mère* (prix Fémina 1996), de plusieurs recueils de nouvelles, d'essais littéraires et de nombreux livres pour les enfants.

À la manière d'Andy Warhol

ELIETTE ABÉCASSIS

Eliette Abécassis est née à Strasbourg, dans une région gastronomique dont elle a conservé l'amour de la cuisine. Entre deux préfaces de livres de recettes (*La Cuisine française cacher, La Cuisine israélienne des origines à nos jours*), elle a écrit un scénario (*Kadosh*) et quelques romans : *Qumran, Le Trésor du temple* et *La Dernière Tribu*. Parmi ses œuvres plus intimistes figurent *La Répudiée, Mon père,* et dernièrement, *Un heureux événement,* dans lequel elle s'était déjà amusée à pasticher Franz Kafka. Elle vit à Paris et se consacre désormais à l'allaitement.

À la manière de William Hogarth

ALAIN DEFOSSÉ

Traducteur et auteur double face, Alain Defossé traduit le jour des romans contemporains pleins de violence, de drogue, de sexe et de sang (B.E. Ellis, John King, Irvine Welsh), et écrit la nuit des romans nostalgiques et délicats. La traduction du « Gâteau au chocolat » a parachevé son anorexie. Son dernier livre, *Chien de cendres,* est paru aux Éditions du Panama en septembre 2006. Son premier roman, *Les Fourmis d'Anvers,* paraîtra dans une nouvelle édition au printemps 2007 dans la collection « Motifs ».

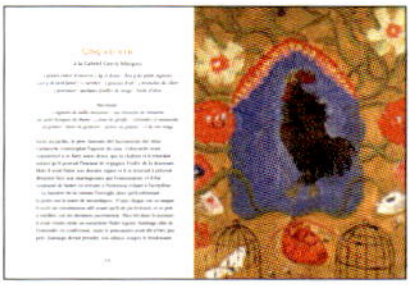

À la manière de Frida Kahlo

CLAUDE DURAND

Né dans le « 93 », Claude Durand y a enseigné dans l'école où il fut élève. Ayant fait de surcroît du théâtre, de la politique, du cinéma, deux enfants et quelques livres (dont un lui valut le prix Médicis), il a contracté par mariage un faible pour la littérature hispano-américaine qui l'a conduit à traduire notamment, avec sa femme Carmen, *Cent ans de solitude* (de solitude à deux, donc, plutôt que cinquante ans chacun). Éditeur la plupart du temps, il a fait connaître en France nombre d'auteurs de renommée internationale dont, outre Gabriel García Márquez, des figures de proue de la lutte contre les totalitarismes comme Alexandre Soljenitsyne et Ismail Kadaré.

À la manière de Dorothy Lange

FRÉDÉRIC JACQUES TEMPLE

Frédéric Jacques Temple vit à Montpellier. Il est poète (prix Valery-Larbaud 1991), romancier (Actes Sud), traducteur (Henry Miller, Lawrence Durrell, Tennessee Williams, Thomas Hardy) et biographe (D.H. Lawrence, Henry Miller, Medora Leigh). On lui doit par ailleurs une recette de « Soupe au caillou » inventée dans un trou d'eau boueuse devant le Monte Cassino en 1944.

À la manière de David Hockney

PATRICIA REZNIKOV ET GÉRARD DE CORTANZE

Patricia Reznikov est franco-américaine. Elle a publié une quinzaine de livres parmi lesquels des romans, des recueils de nouvelles et des albums pour la jeunesse. Elle collabore régulièrement aux *Lettres françaises*. Gérard de Cortanze est l'auteur de plus de cinquante livres traduits en vingt langues. On lui doit également de nombreux essais sur Auster, Semprun, Hemingway, Sollers, Le Clézio… Il a obtenu le prix Renaudot avec son roman *Assam* et dirige la collection « Folio Biographies » aux Éditions Gallimard.

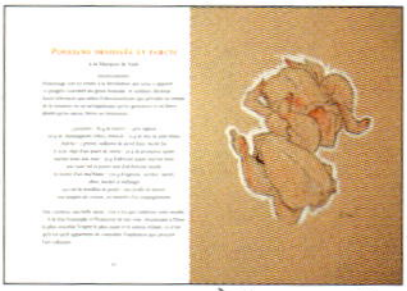

À la manière d'Egon Schiele

PATRICE DE MÉRITENS

Patrice de Méritens est journaliste et écrivain (*L'Adieu à Bugatti*, *Nox ou la chambre d'Émeraude*, *Orient-Extrême*, *Les Larmes d'Allah*). Parmi ses vices intimes il confesse la gourmandise, une inclination pour les oiselles et le Marquis de Sade, et avoue pratiquer le pastiche des grands auteurs avec la joie perverse du faussaire.

À la manière de Man Ray

ANNE FREYER-MAUTHNER

Parisienne de Mitteleuropa, Anne Freyer-Mauthner est angliciste. Elle a édité *L'Art du roman*, *La Fascination de l'étang* (nouvelles), les *Lettres de Virginia Woolf*, et a traduit les écrits de Thomas Mann sur Richard Wagner. C'est grâce à *La Modeste Proposition* de Jonathan Swift, son auteur préféré et sujet de sa thèse, qu'elle a découvert les plaisirs de la bonne chère et l'art de la gastronomie. Elle est intarissable sur les multiples manières d'accommoder le rösti.

Poterie grecque (British Museum)

ISABELLE D. PHILIPPE

Très jeune, Isabelle D. Philippe s'est passionnée pour les délices piquantes de la version latine puis grecque. Plus tard, grâce aux recettes modernes de Robert Soulat (à *La Nouvelle Revue française*) et d'Élizabeth Gille (qui dirigea la collection « Présence du futur »), son goût classique pour les langues mortes s'est étendu aux langues vivantes. Aujourd'hui, elle traduit des auteurs contemporains d'expression anglaise venus de tous les horizons (Paul Theroux, Jeanette Winterson, Angela Carter, Michael Chabon, Doris Lessing…). Divin régal !

À la manière de Henri Matisse

ALAIN MALRAUX

Trois fois père, trois fois grand-père, et fier de l'être, l'ouvrage dans lequel il aurait – presque – compétence pour se lancer, s'intitulerait « Orgueil et gourmandise ». Mais il ne sait guère qu'accommoder les œufs brouillés. Prix Saint-Simon 1990 pour *Les Marronniers de Boulogne*, chronique familiale autour de son oncle puis père adoptif, André Malraux, il a été producteur d'émissions de télévision consacrées à la musique classique et a vu sa première pièce, *Là où vous êtes*, filmée pour le petit écran. Il a traduit plusieurs ouvrages de l'anglais, langue dans laquelle sa deuxième pièce, *Whitsun*, est créée cet automne à New York.

À la manière de Henry Moore

FRANÇOIS RIVIÈRE

Son éducation catholique prédisposait François Rivière à se passionner pour l'œuvre romanesque de Graham Greene. Cet ancien enfant de chœur qui souffrait particulièrement du jeûne en période de Carême a plus tard trouvé un remède à sa mélancolie en se laissant fasciner par les crimes émaillant les romans d'Agatha Christie ou de Patricia Highsmith, auxquelles il consacra des biographies. Il a également publié plusieurs romans à énigme aux Éditions du Masque, ainsi qu'un livre de recettes de cuisine inspirées de l'œuvre d'Agatha Christie, *Crèmes et châtiments*.

À la manière
de Giorgio de Chirico

PATRICIA REZNIKOV ET GÉRARD DE CORTANZE

Patricia Reznikov est franco-américaine. Elle a publié une quinzaine de livres parmi lesquels des romans, des recueils de nouvelles et des albums pour la jeunesse. Elle collabore régulièrement aux *Lettres françaises*. Gérard de Cortanze est l'auteur de plus de cinquante livres traduits en vingt langues. On lui doit également de nombreux essais sur Auster, Semprun, Hemingway, Sollers, Le Clézio… Il a obtenu le prix Renaudot avec son roman *Assam* et dirige la collection « Folio Biographies » aux Éditions Gallimard.

À la manière de Bill Brandt

JEAN PAVANS

De Harold Pinter, Jean Pavans a traduit *Le Scénario Proust*, *Célébration* (création 2005), les poèmes de *La Guerre* et le discours du Nobel 2005, *Art, vérité et politique*. Consideré comme l'un des principaux spécialistes français de Henry James, il l'a également adapté pour la scène (*Les Papiers d'Aspern*, 2002). Il s'est lui-même livré à deux exercices de pastiches (*Sauna* et *Le Sceau brisé*). Il vient d'achever pour Gallimard une biographie de Marlene Dietrich. Citons donc pour l'occasion une réflexion existentielle de Marlene en personne : « Si l'on fait la cuisine, on éprouve deux joies : voir manger les gens qu'on aime, et voir les gens qu'on aime manger ce qu'on a cuisiné. »

À la manière d'Otto Dix

ANNE FREYER-MAUTHNER

Parisienne de Mitteleuropa, Anne Freyer-Mauthner est angliciste. Elle a édité *L'Art du roman, La Fascination de l'étang* (nouvelles), les *Lettres de Virginia Woolf*, et a traduit les écrits de Thomas Mann sur Richard Wagner. C'est grâce à *La Modeste Proposition* de Jonathan Swift, son auteur préféré et sujet de sa thèse, qu'elle a découvert les plaisirs de la bonne chère et l'art de la gastronomie. Elle est intarissable sur les multiples manières d'accommoder le rösti.

D'après un vitrail à Canterbury

ANDRÉ CRÉPIN

André Crépin est un mandarin : doyen de fac (Amiens puis la Sorbonne) pendant un quart de siècle, aujourd'hui immortel (Académie des Inscriptions et Belles-Lettres), il s'est amusé à traduire la poésie anglaise médiévale (*Beowulf, Les Contes de Canterbury*). Il est attiré par la personnalité de Chaucer, poète et savant, chrétien et critique. Il pense avoir décodé la versification de nos voisins d'outre-Manche avant leur francisation (*Old English Poetics*). Les problèmes de linguistique lui servent de gym intellectuelle mais sa passion demeure les littératures anciennes. *A merry man* à la Mérimée !

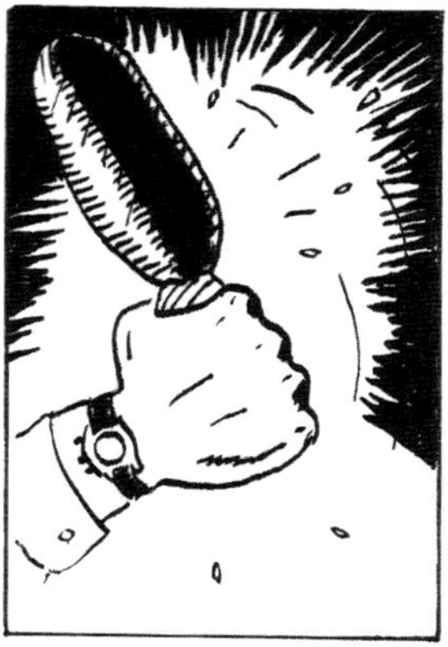

J'AI PRIS MON NERF DE BOEUF
POUR TABASSER LES GRUMEAUX...

8745

Achevé d'imprimer en Slovénie (Ljubljana)
par MKT Print
le 17 août 2008
Dépôt légal août 2008. EAN 9782290007372

Éditions J'ai lu
87, quai Panhard-et-Levassor, 75013 Paris

Diffusion France et étranger : Flammarion